布克加
BOOK+

成就作者代表作
让阅读更有价值

认知锥

黄伟 著

千亿销量爆款品牌的认知方法与逻辑

北京联合出版公司
Beijing United Publishing Co.,Ltd.

推 荐

吴晓波　知名财经作家

新国货品牌的诞生离不开快速建立用户认知。企业管理者在数字化背景下如何实现认知满分？《认知锥》给出了具体的方法论来帮助中国公司建立自己的品牌，实现 Made in China 的 2.0。

陈忠伟　恒源祥（集团）有限公司董事长、总经理

《认知锥》是一本"锥指管窥"的专家之书，案例之翔实，讲解之精妙，令人释卷良久，仍觉回味无穷。品牌认知领域的理论家很多，可像作者这样既深得品牌传播之精义，又能讲清、讲透的实战家寥寥无几。

刘会平　中饮巴比食品股份有限公司董事长

中国企业家都很了解定位理论，但如何具体落地的方法却不多。《认知锥》在定位基础上创造性地提出了认知锥理论，并融入作者20多年来亲历的实战案例加以解读，在互联网流量步入"瓶颈期"的当下别具意义。

曹炜　威富（中国）战略业务副总裁、VANS中国区总经理

定位理论如何运用实施，甚至在数字时代背景下如何升级迭代，永远是一个企业战略层面的难题。《认知锥》在定位基础上提出了认知锥理论，为企业高层提供了新视角；并融入作者20多年来亲历的实战案例加以总结，在互联网流量红利消失的当下别具意义。

吴金君　纽约广告节、伦敦国际奖中国首席代表

黄伟曾担任纽约广告节的两任国际评委。他凭借全球化视野和本土经验，提出新国货爆品的成功需要满足两个维度100分，即产品满分+认知满分，否则就会一切归零。

莫康孙　前麦肯·光明广告（中国）董事长、马马也文化传播创始人

《认知锥》是一本品牌创始人、塑造者与管理者必读的书。思想、技术、平台、生活方式等不断创新迭代的今天，既催生了无限机会，也扼杀了一招打天下的可能。作者倾注20多年不断实践，破解从品牌定位到体验之间的逻辑谜题：透过词汇锥、符号锥、体验锥的三锥合一形象化理论，加上对国内外知名品牌及其案例的独到剖析，把品牌认知到体验的闭环变成直观易懂的方论论。绝对是一"锥"见血！

李征　北京电通广告有限公司上海分公司执行创意总监

作者以创意人身份踏入广告行业，20多年始终站位行业一线头部，为不同品牌创作了大量优秀传播方案。他已不仅是一位创意者，更是积极的行业洞见者和思考者。《认知锥》是完全基于真实品牌实战经验而归纳总结的真知灼见，观点独到地解析了品牌、认知与流量之间的微妙关系，案例生动，深入浅出，对于甲乙双方来说，都是一本不可多得的品牌实战宝典。

蒋云峰　电视剧鹰眼创始人

在影视产业逐步进入 C 向时代之关键时期，《认知锥》提供的思维视角与独特方法论，有利于影视 IP 穿透人群的圈层界限，扩大传播效能，进而推动影视 IP 产业化的进程，值得影视企业家认真研读。

推荐序

我很高兴终于盼到黄伟的力作《认知锥》面世了,这应该是品牌领域的一件大事。书中由浅入深地详解品牌的打造原理和过程,同时附以许多我们身边的案例来印证。黄伟是一位不折不扣的创意人,同时也是一位洞察消费者内心世界和市场风向的、谨慎耐心的观察者。《认知锥》便是他通过长期观察和深度思考而总结的,打造品牌的最新方法论。他用这套方法已打造了众多成功案例,比如大家熟识的华策克顿出品的电视剧"三生三世"系列项目和东方卫视《极限挑战》。

我十分敬重黄伟对品牌创意持续的激情投入。黄伟是奥美广告在中国培养的第一代创意人,2004年我任职实力传播集团CEO（首席执行官），为了把实力传播从一家单纯的媒体购买公司转型为整合营销传播公司，我们邀请黄伟加入，与广告创意大师陈薇薇小姐一同工作。这段难忘的经历，对他的创意思维体系和对创意的信仰筑下坚实的基础。

黄伟一直期盼中国的创意能得到国际社会的肯定，我也有同感，我决定帮助黄伟提升他的视野，派遣他到法国戛纳观摩世界一流的创意人和作品，后来的事实证明这是非常有价值的一次观摩。这次戛纳之行不但提升黄伟的视野，更提升他的信心，不久之后黄伟就几乎登上了全球所有创意殿堂的舞台，获奖无数。包括代表华人第一次摘得业界六星级大奖——英国D&AD黄铅笔，当年同获该大奖的是乔布斯的iPhone设计。这证明了中国的创意跟其他国际顶尖的创意一样优秀。

我祝愿黄伟这本小书能引起关心品牌的人士的关注和讨论，能够帮助中国公司建立信心，让中国出现更多更优秀的品牌。

李志恒

实力传播集团创始人、前CEO

自 序
用认知锥打赢新国货品牌的"闪电战"

"新国货"一词从来没有像今天这样席卷中国,当一个国家成功举办了奥林匹克运动会和世界博览会之后,本土文化意识和国货品牌会大规模地崛起。因此 2015 年以来,中国持续诞生了海量的 95 后、00 后们喜欢的新奇产品、新国货品牌和新影视综艺。我们今天看到它们,可能还会觉得陌生。过五年、十年,你会发现它们就是中国的耐克、西门子、百事、麦当劳、迪士尼,这就是中国新品牌的诞生之路。

也是从 2015 年开始,中国的流量红利逐渐消失了。新国货品牌的创业者们感受到获客成本的持续攀升。用户认知成了企业必争之地,例如王老吉和加多宝的红罐之争。企业可以不去争,但你说得出凉茶第三品牌是谁吗?

所以高认知企业直接杀死低认知企业。

在昂贵而有限的流量里，如何精打细算地增加用户对新品牌、新产品的认知度？如何秒杀用户认知，让他们一看就懂、一听就买、一用就爱？这是创业者们关心和焦虑的事情，也是我和团队一直锱铢必较的事情。我时常拷问团队：我们做了20多年的品牌营销工作，有幸真刀真枪合作了几百个单品，为什么有些产品火了，有些单品做成了百亿级的市场？比如开创方便面第二大品类的统一老坛系列、从零开始打造的药妆第一品牌玉泽、开创新细分品类的松下大容量洗衣机、打造了新业态的西门子整屋电气，以及综艺冠军《极限挑战》和成功打造"极美仙恋神话世界"的《三生三世十里桃花》。它们成功的底层逻辑是什么？

我把打造这些累计千亿级市场大单品的整体框架，提炼出一个公式：

产品满分 + 认知满分 = 打爆市场

只有满足两个满分，才能打爆大单品。如果产品或者认知达不到满分，就必须靠额外的流量来补充，大幅增加了成本。

如何做到流量满分和产品满分的代表作分别是《流量池》（中信出版集团，2018）和《爆品战略》（北京联合出版公司，2016），两本都是个人比较赞赏的书，推荐给大家。在本书中，我所强调的是在认知上做到满分。那么，初创新品牌、新产品如何做到认知满分呢？"秒懂"闪电战是关键，而打赢"秒懂"闪电战的方法就是"认知锥"：词汇锥＋符号锥＋体验锥。

所有在中国做品牌营销的人，都知道定位。这应该是过去20年，提及率最高的营销学名词。定位，简而言之就是：一个商品是什么不重要，重要的是，它在消费者的认知中是什么。我所做的，正是在定位理论基础上把用户认知拆解成三锥：

- 第一个锥叫做词汇锥，只有企业在用户认知里占据代表一个词汇，企业才有利润；
- 第二个锥叫做符号锥，符号是词汇的具象表达，视觉时代下，符号具有带货力；
- 第三个锥叫做体验锥，打造令人尖叫的客户体验，就是创造高黏度客户关系和消费频次。

将三锥合力重叠于一点，实现兵力集中优势，饱和打击，这便是"认知锥"的精髓。三锥合一，正是本书的"书胆"。

在本书中，我将毫无保留地献出个人20多年的实战经验总结，提炼出更具体的实现三锥的方法：从定位出发，把用户认知拆解成"定位词汇化""词汇符号化""符号体验化"

的三步法则。

我想通过"认知锥"这套方法论告诉创业者们，究竟应该怎样"秒杀"用户认知，认知做到什么程度才算成功，才能带动转化。当流量难以起到有价值的作用，我们还能凭借认知锥引来"自来水"；当新生品牌初创，不愿把宝贵的资金砸在虚无缥缈的流量上，不如按照书中方法打磨出自己的认知锥，积累品牌认知资产。这套方法论经由我20多年实战验证跑通，想必也能持续赋能广大企业，协助解决从定位到消费的转化难题。

认知锥方法论的提出，立足于我多年的营销实践，也同时参考了中外优秀品牌案例，并尽可能遴选移动互联网时代的爆品案例进行解读，旨在为本书的用户们提供一整套理论详实、案例丰富的方法体系。之所以称呼"用户"而非"读者"，是因为我更愿意将本书定义为一本实战手册。其中许多爆款战役皆由我本人操刀或参与，而我也借由这次机会对自己的职业生涯进行了回顾和复盘，力求还原每场战役背后的策略和思路。

本书的形成得益于顶级商业人士的鼓励和期许：知名财经作家吴晓波、恒源祥集团董事长陈忠伟、中饮巴比董事长刘会平、威富（中国）战略业务副总裁和VANS中国区总经理曹炜、实力传播集团创办人李志恒、前麦肯·光明广告（中国）董事长莫康孙、美国纽约广告节中国首席代表吴金君、上海电通执行创意总监李征、电视剧鹰眼创始人蒋云峰等。

感谢本书的顶级策划团队王留全先生、叶赞先生、余燕龙先生以及 KELLY 大宝女士。同时感谢张蕾和周荣桥的支持，以及最优秀的团队程忆、冯刚刚、陈雪涛、周倩在创作过程中的脑力激荡。

衷心希望《认知锥》能够帮助中国企业建立自己的品牌，引用吴晓波先生的一句话："这是中国人的品牌、中国人的商品，它不再藏在领子里，不再藏在其他地方，明明白白地印在外面，这就是 Made in China 的 2.0。"

最后，书中不足之处望海涵。也谨以此书送给我的 45 岁。

黄 伟

2020 年 10 月 13 日于上海

目 录

推荐序   1

自序：用认知锥打赢新国货品牌的"闪电战"   3

第一章　永远不能放弃的品牌认知   001

01 认知是企业必争之地   003
    企业的核心资产，就是品牌认知   003
    从 0 到 1，认知是一切生意的起点   007
    高认知企业杀死低认知企业   009

02 认知的黑暗魔咒   011
    认知难：如何从自我认知跨维到用户认知   011
    认知慢：认知路径正在革命   017
    认知贵：流量难以高效转化的痛点   019

03 打响认知"闪电战"   020

第二章　认知锥：三锥一点，饱和打击　023

01 认知锥：以集中兵力原则，打爆认知　025
　　集中兵力有多重要？　025
　　汇聚词汇锥、符号锥、体验锥三倍兵力，实现三锥合一　027
　　认知锥实现倍增级的转化　033
　　想做到认知满分，必须实现"秒懂"　038

02 为什么非得多种感官认知和重叠？　044
　　单一的感官营销不管用了　046
　　多种感官重叠，让认知从量变到质变　048
　　有认知的"护城河"，企业才能稳守巨量无形资产　051

03 认知锥，品牌创始人的必修课　053
　　未来是首席认知官的时代　054
　　"被认知"就是企业的自来水　055
　　认知变现　058

第三章　三步打通：从定位到认知　061

01 定位是基础，"三锥"来检验　063
02 定位有"陷阱"？想要避开陷阱，请先寻找"愿力"！　068
　　被感知的愿力　070

愿力对品牌有多重要？　　　　　　　　　　　　073
品牌实战中的愿力提炼　　　　　　　　　　　076
03 从人类母体价值观出发，找到愿力　　　　　　　078
04 以三步法则打造认知锥　　　　　　　　　　　　080

第四章　法则一：打造"词汇锥"，实现定位词汇化　087

01 不可或缺的"三板斧"　　　　　　　　　　　　　089
02 品牌战就是故事战
　　——把定位转化成故事说给消费者听最有效　　091
　　故事拯救品牌，故事提升购买欲　　　　　　　093
03 如何打造品牌故事？　　　　　　　　　　　　　096
　　思路一：品牌自带故事　　　　　　　　　　　097
　　思路二：找到品牌可关联的故事　　　　　　　103
　　思路三：品牌自造故事　　　　　　　　　　　109
　　思路四：从产品角度入手　　　　　　　　　　112
　　思路五：从消费者体验切入，内容即是故事　　115
　　思路六：跨界合作讲故事　　　　　　　　　　117
04 好的名字改变企业命运　　　　　　　　　　　　119
05 用"四象限"给品牌起个好名字　　　　　　　　123
　　相　关　　　　　　　　　　　　　　　　　　125

相似（拟人和拟物） 129

　　相　叠 133

　　相　熟 135

06 广告语就是压制战 138

07 爆款广告语怎么起？ 142

　　一个出发点 142

　　给我一个购买动机 144

　　一个最终购买扳机 145

　　二次传播打通多重感官 147

第五章　法则二：打造"符号锥"，实现词汇符号化 151

01 符号是词汇最好的具象表达 153

02 符号锥构成要素之一：Logo及辅助图形 154

　　三杯咖啡的故事 157

　　Logo升级，需谋定而后动 161

　　公域符号变为私域符号，快速生成自带流量的Logo 165

　　巧用辅助图形 169

03 符号锥构成要素之二：品牌色 171

04 符号锥构成要素之三：代言人或IP形象 176

第六章 法则三：打造"体验锥"，实现符号体验化　181

01 符号最终目的是引发用户去体验　183
02 三种方式引爆感官体验系统，成功打造"体验锥"　187
　　创造可辨识的碎片化符号　188
　　利用可种草的跟风　192
　　打造可沉浸的感官体验　198
03 创造店铺品牌资产，不能等　205

第七章 三锥合一，才是认知的无冕之王！　209

01 不重叠，就会被黑暗淹没　212
　　最可怕的是不为人知　212
　　四个挣扎出头的"年轻品牌"　213
03 用认知锥打造倍增级实效　221
04 5G时代，倍速占据用户认知　230
　　5G时代品牌营销的五大趋势　231
　　5G技术对于认知锥的影响　234

结语：认知锥，你学得会　237

第一章

——

永远不能放弃的品牌认知

01 认知是企业必争之地

企业的核心资产,就是品牌认知

英法百年战争(Hundred Years' War)是世界上持续时间最长的战争,始于1337年两国对佛兰德斯(Flanders)和阿基坦(Aquitaine)地区的争夺,止于1453年波尔多英军投降、法国收复加莱除外的全部领土,前后长达116年。

然而,饮料界的"百年大战"也丝毫不逊色于真实的战争,对垒方可口可乐和百事可乐在各个战场的"相爱相杀"也缠绵近百年,史称"可乐大战"。进入21世纪,这场战争依旧在继续。2011年,可口可乐公司向澳大利亚墨尔本联邦法院提起诉讼,状告百事公司旗下"百事可乐""佳得乐""纯果乐"的玻璃瓶包装仿造了可口可乐的设计,存在侵权和欺诈行为,要求索赔。

两方各有各的理。可口可乐公司说,他们从1916年起就使用这款带有流线型弧度的瓶身了。而百事公司表示,这款玻璃瓶他们已经用了四年,如果确实存在侵权,当年根本无法投入使用,因此根本没有侵权行为。既然流线型弧度的瓶身严格意义上算不得包装侵权,那两大品牌之间的争夺到底是为了什么?

无独有偶,在中国也有一场极为轰动的官司,凉茶行业的两大巨头王老吉和加多宝,争夺"红罐包装"的归属权。随着时间推移,"战场"逐渐扩大到对"全国销量领先的红罐凉茶"等广告语的争夺,旷日持久的官司耗去了双方六年光阴。[1]

这些规模庞大的企业,为何要耗费大量资源去打一场只涉及字眼和包装的官司?可乐战、凉茶战到底在争什么?这个被争夺的对象,究竟有哪些堪比黄金的价值?

答案很明确,那就是为了争夺用户心中的"可认知资产",即在公众心中某一品类已形成共识并且是"唯一认知"的那部分内容。可口可乐的飘带和玻璃瓶、凉茶的红罐无疑都是最典型的可认知资产。失去成熟的用户认知,企业就等于"自断一臂",主动放弃经营成果和大片市场。例如,当凉茶和红罐之间已经画上坚固的等号,加多宝将红罐调整成金罐,市场份额便迅速下滑了。金罐不等于凉茶,自然很难让消费者埋单。

---

[1] 2019年8月16日,最高人民法院最终判决认为,加多宝使用的"全国销量领先的红罐凉茶改名加多宝"和"原来的红罐王老吉改名加多宝凉茶了"广告语并不产生引人误解的效果,并未损害公平竞争的市场秩序和消费者的合法权益,不构成虚假宣传行为。判决结果同时显示加多宝"中国每卖10罐凉茶7罐加多宝""全国销量领先的红罐凉茶——加多宝"两则广告语被禁用,且需赔偿广州医药集团有限公司、王老吉公司人民币100万元。

图 1-1 看到红罐就想到了凉茶

所以,认知资产必然会成为"兵家"必争之地。有品牌的地方,就有认知资产战争。

那么企业可以选择避世独美,做个安静的"不争品牌"吗?众所周知,凉茶头部阵营是王老吉和加多宝,"不争阵营"是和其正、邓老、黄振龙、深晖、清酷、鸿福堂、徐其修等——很残酷,这一长串中一定有你没听说过的品牌。

"不争"就得从零打造品牌认知,可能消费者至今都未必听过,更别提成为该品类中消费者排序前两位的自然提及品牌了。即便有成为头部品牌的极低概率存在,但相应的成本会高出很多倍。20%的品牌赚取了80%的利润,例如据媒体估算,2019年苹果公司获得了全智能手机行业66%的利润。

图 1-2 品牌认知决定了企业利润

可以说，苹果公司是靠强大的品牌认知和高品质走到了现在。

由此可见，认知资产就是企业核心资产。企业资产之争的主战场，正从技术、生产线、渠道等传统的有形资产，转移到以用户认知为主的无形资产，每个品牌都希望成为用户"认知偏见"所倾斜的一方。"红罐才正宗""老坛的酸菜才酸爽"，这些广告语都直击用户的体验及认知，并推动形成社群共识，用"一字千金"来形容都不过分。保护企业的"可认知资产"，就像保护你的房产证和银行存款一样。

图 1-3 看到老坛酸菜你会想到？

从0到1，认知是一切生意的起点

当然，认知的重要性不仅体现在核心资产层面，更重要的是，它是企业一切生意的起点。

对于依云（evian）矿泉水，很多人的第一印象都是昂贵和高端，正如消费者所言："我不是在喝矿泉水，我是在喝依云。"把一瓶500毫升的矿泉水卖到20元人民币的价格，依云做到了。在某电商的依云旗舰店，我们查到了这样的数据：仅这一个平台，每月就能卖出近17万瓶依云水。

可如果去掉标签，都用玻璃杯装盛，仅靠单纯的饮用行为，大部分人可能都难以分辨20元的依云水与2元的其他品牌矿泉水，因为"水"的原始定义就是最简单的氢氧化合物，是一种无色、无味、无嗅的液体。是什么赋予依云水如此崇高的地位？当然是"品牌认知"。

过去我们说"事实大于认知"，查理·芒格说"认知就是事实"，可在品牌营销层面，认知其实是大于事实的。宝洁和联合利华打了那么多年战役，各自旗下有诸多日用品牌，提到飘柔人们会想到柔顺，清扬则凸显男士专用，夏士莲重在植物天然，去屑一定就选海飞丝。但实际上这两家厂牌产品的主要成分都大同小异。它们各自庞大品牌网络的背后是完善的认知体系，正是这个认知体系成就了今天的商业帝国。

类似的例子还有"睡眠面膜"。难道这款产品早上就不能用了吗？非也。企业之所以将品类划分得如此之细，主要是为了通过认知做大市场容量。这个事例背后，同样包含一个重要启示，互联网营销时代，认知比事实更重要。

现在，我要给出一组认知公式：

认知 × 流量 = 销量转化
10×1000万 =1亿
100×100万 =1亿

品牌是流量入口，认知又是品牌的入口，"被认知"就是企业的自来水。因此，品牌、认知二者缺一不可，是相互放大的乘法关系，共同决定了生意的成败。在遇到只有小部分流量能产生有效转化为销量的"流量困境"时，品牌认知成为制胜的重要法宝。做高认知，就是以一敌百，以少胜多。红罐的高认知，大大增加了获客流量的效果，同时也降低了顾客的"选择—决策—购买"整个转化链的成本。反之，低认知会增加营销成本，当认知为0时，流量最终转化率也降至最低。

一旦建立了用户认知，企业投入的流量成本会边际递减，甚至归零。流量是量，认知是质，有质有量才是王道，"认知满分"才是最值得修炼的内功。

高认知企业杀死低认知企业

后流量时代，流量红利消退、变得昂贵，使企业逐渐陷入营销困境。在和竞品相同的流量投入面前，认知决定企业的生死。高认知企业杀死低认知企业。流量是千军，认知是张飞，一将难求。

过去的法则是"流量为王"，现在开始失效，新的法则是"用户认知 × 流量为王"；过去的法则是"品牌为王"，现在开始失效，新的法则是"用户认知 × 转化为王"。"被认知"就是企业的自来水，企业势必要将认知红利做到满分。

A站（AcFun）和B站（bilibili）是国内目前最大的两个二次元文化聚集地，前者成立于2007年，后者成立于2009年。当年，B站只是A站偶尔宕机时的"后花园"，是作为后者的补充存在的。

曾经的A站非常辉煌，它是国内的首个弹幕网站，曾风行网络的热梗[1] "金坷垃""滑板鞋"都出自这里，可见其影响力。2009年，由于管理层内部原因，在长达一个月的时间里用户都无法使用A站，这时，A站用户9bishi（徐逸）另立门户创立网站Mikufans接收投稿，这就是bilibili的前身。可发展到今天，B站从用户量和品牌声量上都已远超A站，还

---

[1] 梗，网络用语，意思是笑点，铺梗就是为笑点做铺垫，系对"哏"字的误用。

成功在纳斯达克证券交易所上市。反观 A 站，在用户大量流失后已经声息渐弱。

为什么会这样？其中原因繁多，包括更深层次的商业化、融资等因素，而这些最终被投射在了品牌认知上。人们对 A 站的印象完全是它暴露最彻底的问题：定位不清、目标用户不明、内容形式单一。但提到 B 站，人们往往想到追新番、看 UP 主[1]的视频，尤其这两年吸引了众多品牌的目光。前者的立场是旁观者，后者的立场是用户。在认知上拉开如此大的差距，二者现状大相径庭也在意料之中。

所以，到了今天这个时间节点，品牌得认识到，媒介环境已经发生了变化，相较于权威媒体，必须开始依赖"私域流量"。"现代营销学之父"菲利普·科特勒（Philip Kotler）在《营销革命 4.0》中提到，在当下这个时代，最重要的是 F-Factor ——Friends、Fans、Followers，即朋友、粉丝和追随者，最能左右你的观点和选择。

同时，社交媒体的日益壮大带动了网络社群的兴盛，人们对自己的定位日益明晰具象，越来越多的人热衷待在适宜的"圈层"之中，他们倾向在圈子中获得某种身份认同，也愿意与同一圈层的其他人共享消费偏好。大趋势上看，社群逐渐呈现精细、垂直的趋势。对品牌而言，广撒网，不如做

---

1 UP 主（uploader），网络流行词，指在视频网站、论坛、ftp 站点上传音视频文件的人。

精准。"流量为王""品牌为王",现在开始失效,新的法则是"用户认知 × 流量为王"。

本书的立意正是围绕如何不浪费每一滴流量,有效将越来越昂贵的流量,结合满分的产品认知,转化成销量。看似容易理解,但因为"认知黑暗魔咒"的存在,这条路注定走得不会太轻松。下一节将对这位"最大敌人"进行重点阐释。

02 认知的黑暗魔咒

何为认知的"魔咒"?通俗地说,就是当一个人知道一件事后,就无法当作自己不知道这件事,感觉就像是被那些已知晓的信息下了"咒术"。企业也容易陷入这样的误区,以为自己面对消费者已经说得足够明白。在商业行为中,企业和消费者是分居两端的,穿透中间这层"魔咒"才是最大挑战,其中又以认知难、认知慢和认知贵为最大阻碍。

认知难:如何从自我认知跨维到用户认知

企业自我认知最典型的例子就是格力那句"掌握核心科技"。所谓"核心科技",就是企业自身的独特优势和信任状,从企业能力出发,替用户思考。大多数企业里,目前仍是这种传统思维占主流，但将用户认知和产品研发相整合的模式，将是未来的爆品趋势。

"广告教皇"大卫·奥格威曾提出过在进行品牌定位之前，对企业自身有一个科学、全面、清晰的认识，是必要的一步，但放在今天，绝不能"仅止于此"。西贝莜面村曾经分别邀请特劳特中国公司和里斯伙伴（中国）营销战略咨询公司做定位，得出的结论分别是"西北民间菜"和"西北菜"，市场反应惨淡。后来又定位为"烹羊专家"，但也反响平平。更重要的是，这种品牌层面的频繁变动，很容易影响和干扰消费者在餐饮场景下做出的选择。

"西北菜"的问题在哪儿？在于消费者心中压根儿就不了解西北菜。提到川菜人们会想到麻辣，提到粤菜想到滋补，提到西北菜，脑海中一片空白。用一个消费者不熟悉的名词来标记品牌是非常危险的，这意味着你在他们心中难以形成具体的认知。

"烹羊专家"的问题也很明显。提到羊肉相关的餐饮品牌，小肥羊、东来顺甚至发展空间局限在北京本地的聚宝源都能榜上有名，但"西贝"后面跟着的是"莜面"，换言之，消费者因"西贝莜面村"这个名字而产生的认知，没法落在"羊肉"这个点上。西北菜好、莜面好、羊肉好、西贝好，这些都是企业对自己优势的认知，于是都想表达出来，但用户认知却模糊了。

互联网营销时代，一种新的、更"功利"的观点出现了，那就是完全以用户认知为中心，以能够被用户认知作为核心价值。认知、引导认知和扩散认知，这就是认知战的全部内容。信息过载的时代，抓住别人的注意力，通过内容体系打一场认知战成为重中之重。

同样举例说明，美国专业户外装备品牌 Timberland，官方确定的中文名是"添柏岚"，显然，这是品牌的自我认知，通常外国品牌在中国都会选择直译的方式给产品命名。在中国，因为谐音，也因为它家经典的招牌耐磨大黄靴，粉丝往往爱称其为"踢不烂"。这是纯粹来源于用户的语言，甚至在很多消费者心中已经取代了"添柏岚"。

Timberland 官方注意到了这一点，欣然接受了这一称呼，并把它用在了 2018 年的品牌广告片中。这支名为《踢不烂，用一辈子去完成》的广告片，以人声旁白配音的自述方式，讲述主人公从出走到归来的人生故事，最终引出了那句经典的"我走的时候，叫 Timberland；回来时，才叫踢不烂"。

可以说，这支广告完全立足于用户认知，将镜头聚焦在不断行走中的"大黄靴"上，进一步增强观众的代入感。当他们看着这双靴子踏过城市街道，穿越溪谷河流时，仿佛就在旁观着自己所经历的一切。

广告片一经推出，就引爆社交网络，有网友评价说"好像被有力地安慰到了"，也有人感慨"那双踢不烂和我一起感

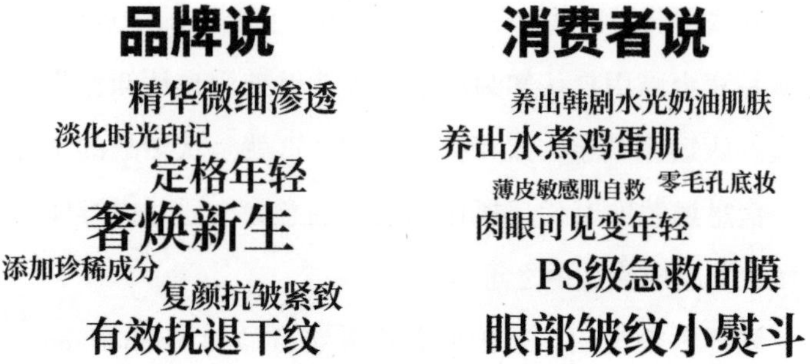

品牌说
精华微细渗透
淡化时光印记
定格年轻
奢焕新生
添加珍稀成分
复颜抗皱紧致
有效抚退干纹

消费者说
养出韩剧水光奶油肌肤
养出水煮鸡蛋肌
薄皮敏感肌自救　零毛孔底妆
肉眼可见变年轻
PS级急救面膜
眼部皱纹小熨斗

图1-4 "品牌说"是企业自我认知,"消费者说"是用户认知

受着生命的每一个瞬间",更有人称"购入的不只是名为踢不烂的一双鞋,更是一份信任与坚定"。

类似的还有OPPO"充电5分钟,通话2小时",针对手机的充电和续航问题,完全站在消费者的立场来普及产品,并不断进行发散和创新。如今,这句话已经成为很多用户评判手机续航能力的标杆。同理,"做女人挺好!""我要马上就要""康师傅,就是这个味"都是用户认知,能让用户直接使用的语言。

研发产品如果从用户认知和应用认知开始,产品成为爆款的可能性更大。微信之父张小龙有一个观点为业界所称道。他提出了小白模式,或者也叫白痴模式,核心的意思就是像小白一样思考如何来做好产品,想要把用户体验这件事情做好,所有的体验就都要从用户的角度出发,这里所说的用户指的就是小白用户。

有着同样功能的路由器，4根天线就是比2根的更畅销，因为用户潜意识认为4根更强大；一款皮鞋防雨喷雾，一直卖不好，后来改成雨天约会神器后，好销售了。再比如，美团外卖早期的广告语是"美团外卖，送啥都快"，而饿了么则是"饿了别叫妈，叫饿了么"。很明显，前者是品牌认知，站在品牌的角度自夸"送啥都快"，所以你要用我这个App（应用程序）；后者是非常接地气的用户认知，看似无厘头，甚至还有些不按常理出牌，但当时搭配王祖蓝演绎的魔性广告，效果堪比"洗脑"。

那么，企业应该如何建立用户认知呢？

比较传统的方法，是品牌给消费者讲一个故事，比如卡地亚（Cartier）讲述的故事是英国国王爱德华七世誉其为"皇帝的珠宝商"，于是消费者对卡地亚建立了"珠宝商的皇帝"的高端奢华认知。卡地亚 = 皇帝的珠宝商，麦当劳 = 汉堡薯条，肯德基 = 烹鸡专家，汉堡王 = 真火烤汉堡……这个时代品牌们最大的对手，不是竞品，而是国内外新闻、八卦娱乐等各种视线争夺者。关注度是最宝贵、也是最难获得的稀缺资源，没有人愿意关注品牌方干巴巴的商业新闻，品牌要做的是借助"搞事情"吸引媒体自动关注，而非"花钱都请不来媒体报道"。

昔日烟草大王褚时健在事业跌入谷底后，年逾八旬凭借种橙子东山再起，再没有比这更传奇的故事能够为跌宕起伏的人生做注脚了，消费者也因此对"褚橙"建立了"励志橙"的认知。这时还需要反复阐述"褚橙"品质胜过别家吗？其中包含的那股不屈服于命运的精神才是真正的"卖点"。

进入社交时代，建立用户认知的最佳路径变成了由100个人来讲各自与品牌的故事，这一招玩得最熟稔的当属网易云音乐，但现在有大量的传统品牌也开始学习。作为经典老字号，北京三元食品历史悠久。2019年9月，他们做了一波品牌年轻化营销活动。9月初，某微信公众号向读者提出了两个问题："你爱过最久的一件事是什么？""为了这份热爱，你投入了什么？获得了哪些新鲜体验？"吸引了广大网友留言："热爱京剧五十年，元气不输青少年。""音乐玩了20年，生活也欢快了20年。""在城市不能认识的世界，我在坦桑尼亚的狮子身上认识到了。"……

9月26日，以#70个热爱70年新鲜#为传播话题的首都机场线"故事专列"一经开出，就成为北京热门打卡点，网友们集体贡献的70个与"热爱"有关的故事触动人心。由线上UGC（User Generated Content，用户生成内容）故事征集无缝过渡到"登陆"机场线车厢，通过制造营销事件、制造热点，让三元存在感更强，与年轻人沟通更顺畅，在受众中引发的情感共鸣最终沉淀为品牌的认知资产。

上面提到的卡地亚、褚橙、网易云音乐等品牌，都是比较成功、正面建立认知的例子，但能真正做到基于用户需求、建立用户认知、获得用户认可甚至引发用户共鸣的品牌，毕竟还是少数。对大部分品牌而言，树立认知依旧是一个难题，想解决它需要付出长久的探索和努力，最重要的是找对方向。

认知慢：认知路径正在革命

认知对消费者购买决策的影响，慢在于路径太长，时间太久。不过，认知的三大路径正在改变，用户从认知到认购的路径正在发生变化。

1. 记忆法则：看到广告认知—消费前记忆排序—终端购买认购

这是最原始也最经典的认知建构路径。还记得那些年填满电视节目空隙的"今年过节不收礼，收礼只收脑白金"，卡通小老头、老太太的广告"魔性"到让人牢牢记住了这个品牌。消费者并不知道脑白金里有什么成分、能发挥什么功效，只模糊明白这是一款"保健品"，即便如此，在逢年过节的时候总会下意识地想到它，而在需要看望老人时，脑白金曾经是礼品首选。

传统时代的品牌都争先恐后地占据醒目的广告位，只为获得消费者的眷顾。但一个残酷的现实是，消费者记住的品牌数量在历经激增之后，开始趋向平稳。在不接受任何外界提示的情况下，消费者能够主动记忆的品牌数量已逐渐稳定在单行业平均5.3个，也就是说，同一个行业，消费者最多记住五个品牌，其他都是模糊的印象，都成了流量轰炸下的"炮灰"。

2. 搜索法则：看到广告认知—消费前记忆排序—电商搜索—认购下单

品牌总是希望能把更丰富的信息传递给消费者，短短一支15秒或45秒的广告实在不够用，于是很多品牌开始在自己的广告最后加上一个填着品牌名字的搜索框。同时在消费者端，购买路径也发生了巨大变化，被"种草"后直接在电商平台搜索—了解—下单一气呵成。

3. 平台直播法则：看到广告认知—直接认购下单

2019年8月17日是淘宝主播李佳琦一月一度的"粉丝心愿节"，你可以将它想象为由李佳琦操盘的月度"双十一"。当晚，李佳琦一共直播了257分钟，4个多小时里他以每分钟超过300字的语速介绍了48样产品，从每包不到10元的零食到3000多元一瓶的面霜不一而足。除去寒暄和抽奖，留给每样商品的时间不超过5分钟。而每个5分钟，又被分割成更有节奏感的小段落：演示、上架、几秒售罄、追加、再售罄、再追加……直到彻底卖空。一款爆款面膜是这晚的重头戏之一，他用288秒卖了9万盒，销售额超过435万。

媒介环境在变，购买路径在变，唯一不变的是人的认知模型，唯一不变的是一头一尾——广告认知和下单认购，所以做好产品打磨及认知打磨，非常重要。

认知贵：流量难以高效转化的痛点

都说认知贵，贵到什么地步？

以中小企业的广告投放为例，2012年的行业平均点击价格是3元/次，2019年的行业平均点击价格飙升到30元/次，直接翻10倍。据我了解，现在有的综艺节目冠名费用高达2亿元，而当红顶流演员的单次代言费用基本都突破了千万，抖音、天猫单次传播都不低于100万元，微博粉丝量在300万左右的一位脱口秀KOL（Key Opinion Leader，关键意见领袖），微任务直发报价24万元/条，即便是粉丝量不足百万的"网红"，每条微博的价格也直逼五位数。

之前认识的一位客户，砸了100多万元专门买流量，但是发现转化率奇低，低到难以置信。问了问其他同行发现，从新品牌的站外引流来看这个转化竟然都不算低，还有比他更低的。这说明什么？流量不仅贵，而且如果买进来了却没有以往的沉淀、认知做基础，整个链条运转就更低效。

进入互联网下半场，移动互联网流量增长触顶，竞争加剧。流量红利逐渐消退，成也流量，败也流量，企业发现流量被超级巨头们BAT、TMD（BAT：百度、阿里巴巴、腾讯，TMD：今日头条、美团、滴滴）垄断了。线上流量价格疯涨，获客成本贵到企业已经负担不起，这是当前互联网品牌和初创企业家们最真实的痛点。

同样让初创企业焦虑的是，没有品牌积累，即使买来了流量，由于用户对品牌和产品尚未形成认知和认可，依旧让销量乏力。就好比租下了顶级商区的黄金旺铺，卖的却是无牌货，尽管客流量庞大，但顾客进店后发现这是个陌生品牌，逛了逛又走了。钱花出去没带来转化，赔了夫人又折兵。

这是一个令人无比焦虑和愤怒的现状。请注意，有流量和有效转化流量是两个概念。没有用户认知作为基础，光有流量，也做不成生意。

03 打响认知"闪电战"

通常情况下，因为速度慢而错失机会给企业带来的风险，要远大于节奏快带来的风险。快速发展带来的风险，可以通过更快的发展和不断的内部优化来弥补，而因为"慢"导致陷入竞争不能自拔的风险则是难以拯救的，甚至可能会将企业拖入泥淖，葬送前程。

"科学管理学派之父"弗雷德里克·泰勒（Frederick Taylor）

在《科学管理原理》一书中重点研究过怎样提高速度,尤其是外部环境变得越来越快,组织能否快速适应被认为是取得竞争优势的关键。

HomeFacialPro(以下简称HFP)可以说是中国化妆品行业这两年冲出的最大黑马。2014年成立,2016年才推出产品,2017年销售额即突破3.6亿元,2018年突破10亿元。其产品与"前辈们"相比并无突出特色,但HFP在营销上却走了一条新路——在品牌初创期被各种微信公众号"狂推",短时间内实现了对新媒体平台的全覆盖。

数据显示,HFP在口碑爆发期累计共投放了6万多篇(还在继续投放)各类微信公众号文章,并通过与小红书、微博、手淘及各类第三方平台的大量账号进行合作获得曝光,换言之,从营销到销售的全流程,HFP都实现了完全的"互联网化":借用海量公号、微博的力量,最广泛利用移动互联网新媒体传媒路径塑造品牌认知,极力促成即时转化,并沉淀粉丝至其官方公众号与天猫旗舰店,最终形成品牌复购。

后流量时代,快速锥破企业自我认知茧房,打造趋近于满分的认知资产才能最大限度地提高流量转化。如果面向大众做认知的时间拖得过长,这个环节就会彻底失去意义,反之,如果方法适宜,这个过程就能在极短的时间内走完,形同"闪电战"。

所谓的适宜方法,就是下一章的主角——认知锥。

第二章

认知锥：三锥一点，饱和打击

01 认知锥：以集中兵力原则，打爆认知

企业想在数字营销时代最大限度地提高流量转化，必须做到快速突围"认知的黑暗魔咒"，锥破自我认知茧房，打造趋近于满分的品牌认知资产。实现这一目的最有力的工具，就是认知锥。

认知锥，顾名思义，就是要将所有"兵力"集中在一点上锥透认知。其实，集中兵力原则属于军事战略的基本原则，在战略战术上具有重要意义。普鲁士军事理论家卡尔·冯·克劳塞维茨在《战争论》中提出："战争上最重要而又最简单的准则是集中兵力。"马克思也曾指出："战略的奥妙就在于集中兵力。"

集中兵力有多重要？

19世纪初，纵横欧陆二十年的拿破仑道出了"多兵之旅必胜"的名言。军事学家们普遍认为，拿破仑之所以能在战争中所向披靡，关键在于他善于动员最强大的力量，集中在根本性的目标上，用决战实现决胜。

在100多年后的第二次世界大战中，这一原则更被各国军事家贯彻到了极致。1940年5月10日，德国对法国发起了侵略战争。彼时，法国拥有号称"世界上最坚固堡垒"的马其诺防线，但万万没想到，德军直接避开马其诺防线的锋芒，绕道法军防御力量薄弱的阿登地区，集中全部兵力和火力实行突破，使法军受到毁灭性重创，70%的战斗机在地面被毁。对法作战是德军"闪电战"在西欧的顶点，其成功的核心就是坚决执行集中兵力原则。

1942年的"中途岛海战"是整个太平洋战区的转折点，更是这一策略的真实写照。战争开始之前，双方的军事实力非常相近，甚至日本海军的实力要略高于美军。可在这场战役中，日方出现了一个明显的失误，他们分散部署了兵力，联合舰队各部队在相隔很远的距离上单独作战，而美国海军选择最大限度地集中部署兵力，大大削弱了日本联合舰队的优势。美国海军首脑事后评价道："中途岛战斗是日本海军350年来第一次决定性的败仗。"偷袭珍珠港的操盘者、日本联合舰队司令山本五十六在日记中哀叹道："我们最初的战绩何其辉煌，自中途岛以来又是多么糟糕！"

集中兵力原则同样被很多优秀的企业借鉴化用。华为创始人任正非曾用坦克和钉子来打比方：坦克重达几十吨，却可以在流沙中行驶，因为宽阔的履带分散了加在单位面积上的重量；钉子质量虽小，却可以刺穿硬物，因为它将冲击力集中在小小的钉尖上。《华为基本法》第二十三条是这么说的："在成功关键因素和选定的战略生长点上,以超过主要竞争对手的强度配置资源,要么不做,要做,就极大地集中人力、物力和财力,实现重点突破……我们的方针是使最优秀的人拥有充分的职权和必要的资源去实现分派给他们的任务。"

商场如战场,战场就是残酷无情的,最重要的目标就是击败对手。认知锥理念正脱胎于集中兵力原则——集中三大层面的兵力,重点聚焦在一个点上打爆用户认知。毕竟,面对红利减退的流量困境,只有在认知层面的某个焦点做到极致化的突破,才能最大限度地打赢一场认知围歼战。那么,这些"兵力"究竟来源于哪三大层面?

汇聚词汇锥、符号锥、体验锥三倍兵力,实现三锥合一

既然确立了集中兵力的行动准则,就该开始思考兵力的来源。怎样的力量汇聚,才能熔铸成一把认知锥?我认为,认知锥的形成必须依靠三个方面的力量,分别是词汇锥、符号锥和体验锥。基于品牌认知的核心定位,依靠多重感官的叠加,这三者合力直接将兵力扩充三倍,帮助品牌赢得认知围歼战。这就是所谓的"三锥合一"。

20世纪60年代,实验心理学家赤瑞特拉(Treicher)曾做过一个著名的心理实验,研究的核心问题就是"人类到底主要通过哪些途径来获取信息"，大量的实验数据证实：人类获取的信息83%来自视觉，11%来自听觉，二者相加占比94%。此外还有3.5%来自嗅觉，1.5%来自触觉，1%来自味觉。当场景变换到品牌营销的角度，我们可以认为，视觉、听觉和体验，就是消费者最依赖、品牌也最容易下功夫的三种认知世界的方式。我所提出的词汇锥、符号锥和体验锥，也正是立足于多重感官的变换叠加。

"三锥"之词汇锥——企业一定要在用户认知里能够占据或代表一个词汇，才能突出重围。提到"老坛酸菜"，想到统一方便面；提到"咖啡"，想到星巴克；提到智能手机就想到苹果和华为，再细分词汇，音乐手机会想到OPPO，拍照手机会想到vivo，但很少有人还能想到更多的品牌，包括昔日曾风光无限的锤子、魅族。显然，无法想到的这些品牌都已经逐渐在激烈的市场竞争中落了下风。

很多品牌都知道定位理论，也一直在进行相关实践。但是怎样才能知道自己的定位工作实施的效果如何？品牌究竟有没有在消费者心中建立起自己的认知？我曾在一次与企业高层的交流活动中提出这样的观点：想要知道你的品牌有没有做好定位，就看是否已经在消费者心中占据、代表了一个词汇，或者与一个词汇发生了关联。

除了单一的汉字，词汇应该是汉语世界中最简短也最浓缩的概念。或者我们逆向来思考，在提到你的品牌的时候消费者是否能迅速用一些词汇来描述，还是说脑海中只有一片空白？如果是后者，你的品牌建设做得还远远不够。

"三锥"之符号锥——符号是词汇的具象表达。人类获取的信息83%来自视觉，对占比位居第二的听觉及其他各种感官来说，都属于压倒性的优势。从人类的起源开始，符号就成为信息传递的重要元素，比如"堆石记事""结绳记事"。当读图时代来临，符号更拥有了绝对的"带货力"。

为什么符号在建立品牌认知的过程中，地位如此崇高？毫无疑问，我们正居于一个信息爆炸的时代，传播媒介的高速发展，让人们每天、每时接收到的信息都是过载的。所以我们看到，从电影、电视剧、视频到短视频，人们喜闻乐见的内容越来越精简和碎片化，广告也已深入每个角落，无论是狭窄的电梯间还是常用App的空白位。

在这种情况下，谁能引起人们的注意，让他们愿意挤出一点宝贵的时间了解品牌，谁的胜算就更高一筹。在一个标注着各种信息的广告中，符号往往承载了构成"吸睛"视觉焦点的职责。不断强化品牌和特定符号的连接，不断深化特定符号的传播，有助于帮助消费者记住品牌、认识品牌，正如"对钩"关联耐克，"丝带"关联可口可乐，"玫瑰"关联兰蔻。同时，在品牌国际化的背景下，每个品牌都希望把自己的传播触角无限延展，广告也越发趋向通过画面来展现，而非局限于某地的语言和文字。

"三锥"之体验锥——打造令人尖叫的客户体验，创造高黏度客户关系和高消费频次。有了词汇锥和符号锥，用户基本就建立起了对品牌的初步认知。如何加深这种认知，让品牌真正"被记住"？这时候就需要体验锥出场。5次完美的体验就会培养成一个用户习惯。而这个习惯意味着转化更高消费频次和口碑裂变，最后又汇聚成词汇锥。比如，海底捞的变态级"服务"和京东物流隔日抵达所形成的"送货快"。

所谓的"体验锥"，通常被用来构筑以产品和服务为核心的使用场景，目的就是为了让消费者更直接地感受到产品的效用，从而为品牌带来转化。"体验锥"同时从理性和感性两个维度影响用户的消费行为——既是从理性的角度审视和评判商品，也是从感性层面去体会品牌的质感和服务。对一个产品建立认知，到最后完成转化，中间的每一个环节，都离不开体验。

合"一"的核心定位——数字营销时代，定位理论在中国商界的"药性"依然见效。这一理论由美国著名营销专家艾·里斯（Al Ries）与杰克·特劳特（Jack Trout）提出。他们认为，定位要从一个产品开始，这个"产品"可能是一种商品、一项服务、一个机构甚至是一个人。但是定位不是品牌对产品要做的事,定位是品牌对预期客户要做的事。换句话说,品牌要在预期客户的头脑里给产品定位,确保产品在预期客户头脑里占据一个真正有价值的地位。说得再直接些,就是将消费者的心智作为战场,打造品牌的目的就是要在战场上取得主导地位。

只是,以往品牌们往往通过较为单一的途径作战。"不怕花钱,就怕花不好钱。"这是摆在许多企业面前的真实之困。耗费大量的人力、物力、财力,却没有收到应有的效果,没有形成一定规模的转化。

图 2-1 多重感官叠加,形成"认知锥"

图 2-2 认知锥 = 词汇锥 + 符号锥 + 体验锥

"工欲善其事，必先利其器。"认知锥不同于以往的单层进攻，而是将囊括了多重感官体验的词汇锥、符号锥和体验锥这三重兵力聚焦在一个点上，重叠为一个定位诉求点，形成一把"认知锥"，锥透用户认知障碍，达到使其"秒懂"的目的，并成功将认知转化为购买，同时积累为品牌资产。呈现效果等于三重认知资产作用于一点，投入一次的效果超过旧有模式投放三次，凭借三倍效率打动消费者，促进高转化。

认知锥实现倍增级的转化

现在，我们已经得出结论，认知锥能够帮助品牌实现倍增级的转化。下面这行公式，就是背后的逻辑思路：

词汇、符号、体验叠加一致→叠加认知→转化购买

比如，天猫推出代表品牌形象的"猫头"标志，配合后续的一系列营销活动，彻底在消费者心中打下了品牌烙印。

回溯过往，2012年，淘宝商城在北京举行战略发布会，宣布更换中文品牌"淘宝商城"为"天猫"并发布 Logo（标志）。在人们的传统观念中，猫这种动物是性感而有品位的，

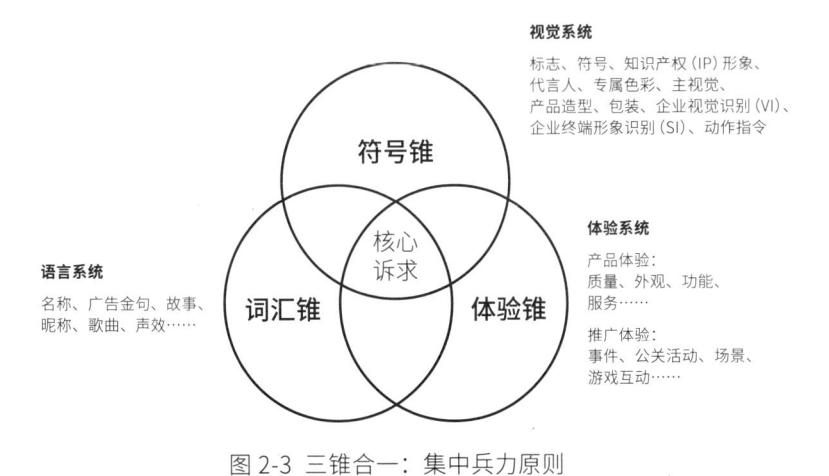

视觉系统
标志、符号、知识产权（IP）形象、代言人、专属色彩、主视觉、产品造型、包装、企业视觉识别（VI）、企业终端形象识别（SI）、动作指令

语言系统
名称、广告金句、故事、昵称、歌曲、声效……

体验系统
产品体验：
质量、外观、功能、服务……

推广体验：
事件、公关活动、场景、游戏互动……

符号锥　词汇锥　体验锥　核心诉求

图 2-3 三锥合一：集中兵力原则

"天猫"代表的就是时尚、性感、潮流和品质；同时，猫天生挑剔，挑剔品质、挑剔品牌、挑剔环境，这恰好符合天猫"全力打造品质之城"的愿景。

时移世易，2013年3月，京东商城正式将360buy的域名切换至jd，原先以蓝色为主调的"360buy"被更新成了一只名为"Joy"的金属狗，成为京东官方新的Logo和吉祥物。京东商城官方对金属狗吉祥物的诠释是：对主人忠诚，拥有正直的品行和快捷的奔跑速度。

苏宁易购的Logo则是在2015年4月"上线"的。彼时，苏宁易购相关负责人介绍说，这一Logo主要运用百兽之王"狮子"作为设计元素，与图形中"云"的嘴部特征巧妙结合，来诉说苏宁易购线下与线上统一的云商模式。

借助认知锥工具分析，天猫做到了词汇锥和符号锥的高度吻合，后两者的品牌名和Logo之间则并不完全匹配，导致传播成本增加。单纯听到京东和苏宁易购，很难引发关于"狗"和"狮子"的联想，二者之间是相对割裂的状态，尤其是苏宁易购赋予标志的含义过多，由"苏宁易购"想到"狮子"已经有些难度，更难联系到云状的"狮嘴"了。

而从视觉延伸的角度看，天猫叫上一众品牌玩"猫头"的活动，已经持续五年了。从2015年的"一起狂欢"、2016年的"尽在天猫双11"、2017年的"祝你双11快乐"再到2018年的"越xx，越xx"，及至2019年的"助你愿望11实现"，

第二章　认知锥：三锥一点，饱和打击

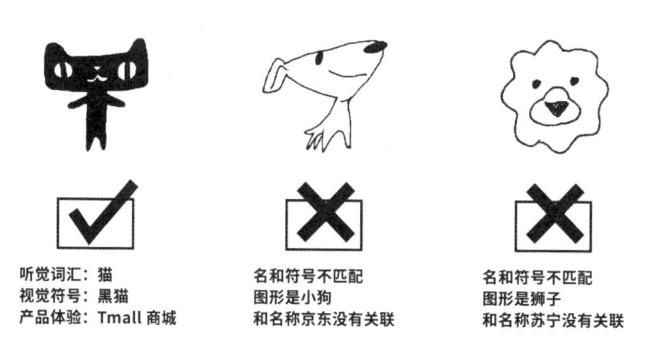

听觉词汇：猫
视觉符号：黑猫
产品体验：Tmall 商城

名和符号不匹配
图形是小狗
和名称京东没有关联

名和符号不匹配
图形是狮子
和名称苏宁没有关联

图 2-4　用"认知锥"看品牌

每一届都是对天猫×"猫头"符号的巩固，而且建立在品牌的视觉、听觉资产本就高度吻合的基础上，让这种衔接越发深入人心。

我曾操盘了松下大容量洗衣机上市之初的营销推广工作。白色家电这个行业的竞争，长期以来都非常激烈，该行业可以说一直是个红海市场。2004 年松下电器（Panasonic）的老总找到盛世长城，提出希望能在现有产品的基础上做些变革。那时候的家用洗衣机，缸体基本都是 5 公升，他们想从容量切入，打造 6 公升及以上缸体的产品，于是找到我们做市场调查，制定营销策略，包括确定产品名称和传播方案。

随着国内经济高速发展，人们买衣服的频率越来越高，家里衣服数量也剧增。同时洗衣机市场与房地产市场息息相关，特别是城市家庭的洗衣机保有量已经达到较高水平，新增购买主要来自购置新房后的消费。我们调研得出的数据显示，消费者对6公升产品的需求最大，占到了30%；其次为7公升，也有一定的市场。相比当时的现状，可以预计市场对洗衣机的需求确实是逐渐往大容量方向发展。

此外，市场调研结果对松下电器的营销、宣推也有指导意义。很明显，购买洗衣机的"拍板人"往往是家庭的女主人，因此在广告宣传上，企业应该将接收信息的主体人群定位在她们身上，这样可以让宣传效果达成最优化。

于是，我们开始对大容量洗衣机做产品规划。当时先做了6公升的产品，因为是这一细分领域的先行者，所以我们直接用了"松下大容量洗衣机"作为产品线名称。落到具体的型号名称上，想过用很多词汇来突出大容量的特性，最后针对女主人相应的生活场景，由洗衣机想到衣服的大尺寸型号，用"XXXL"来表达，松下觉得认知秒懂，一拍即合。第二年，我们把缸体升级到7公升的"宽筒大容量"，并且在广告片中使用了一个大章鱼的形象。

从"XXXL"到"大章鱼"，都完全是基于产品特点和客户体验产出的创意。提"XXXL"是因为这个码数本就是消费者熟知的概念，就代表衣码中的"加大"，不需要额外的学习成本，而且能完全代入洗衣场景。"大章鱼"形象的使用，则是因为之前窄筒洗衣机的痛点就是容量太小，洗涤过程中衣服极易缠绕在一起，没法全面清洗。升级到宽筒大容量之后，衣服不再那么容易缠绕，洗出来也更加干净，就像广告视频

听觉词汇： 大
视觉符号： XXXL
产品体验： 宽筒大容量

图 2-5 用"认知锥"成功打造市场爆品

中的章鱼一样，不用八爪缠绕，可以尽情舒展。

从解决用户痛点的产品定位，到衣物缠绕的常识故事，转化到大洗衣机"XXXL""大章鱼"的符号记忆，所以宽筒大容量洗衣机一经推出的全套打法，对当时整个市场来说是震撼性的，因为之前没有哪家企业做过宽筒，也没有如此强烈地打响过认知战役。当其他企业陆续开始跟进推出类似产品时，松下已经在消费者心中锥入了强烈认知——买大容量洗衣机就选松下。一时间 6 公升到 7 公升洗衣机领域，47%左右的市场份额都被松下宽筒大容量占领。松下成功地发现品类机会，成为新品类的代表并主导该品类，实现高速增长。

按照三锥合一的理论分析——名字叫 XXXL 且消费者已有习惯性认知，看起来机体超宽超大，视觉符号是大章鱼舒展触腕，在广告的画面里还突出了洗完的衣服可以很轻松地抖开,各元素之间彼此呼应又高度渗透,所以广告效果极佳,投放一遍等于其他企业打多遍,从而形成了松下大容量洗衣机的爆品强认知。

综上,认知锥执行的关键之处,就是重叠、重叠再重叠,"重要的事情说三遍",一点没错。这不是一种机械性地自我重复,而是借此强化消费者记忆,打造品牌资产。一次倍增式爆发,胜过长期的平淡投入。认知锥的优势,也就在于具备这种效果放大的能力。

想做到认知满分,必须实现"秒懂"

每个企业都渴望做爆品。根据20多年实战观察,我认为想要做出爆品必须追求两个满分,只有认知和产品都做到了"满分",单品才有打爆市场的可能。

打造产品满分是从企业角度思考如何做到极致,不是本书的论述重点,这里就不赘述了。我想强调的是在用户认知上做到满分。认知满分不用花额外的钱,只需要操盘者具有工匠精神,正如《论语·卫灵公》中所记载的:"工欲善其事,必先利其器。"

而认知锥就是帮助企业把认知做到100分的利器。它的核心就是"秒懂",这也是打爆市场的自检标准尺。延续认知锥的架构,可做如下理解:

第二章　认知锥：三锥一点，饱和打击　　　　　　　　　　　039

100

企业角度
"产品满分"

＋

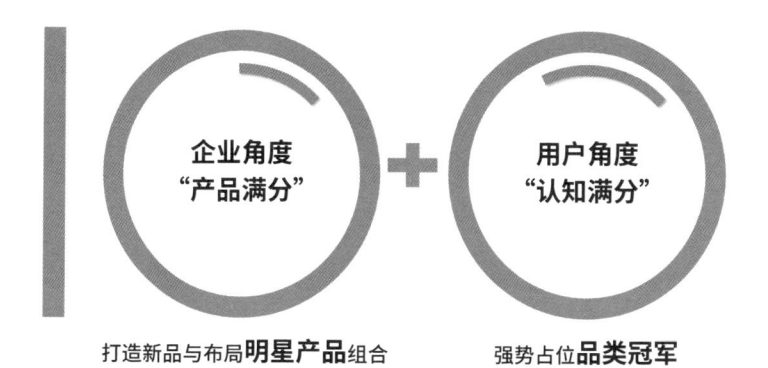

用户角度
"认知满分"

打造新品与布局**明星产品**组合　　　强势占位**品类冠军**

图 2-6　认知和产品都必须拿下"满分"，才能出爆品

视觉认知→一看就透

听觉认知→一听就买

体验认知→一用就爱

在信息爆炸、处于飞速发展中的社会，人们每天要接收和消化的信息太多了。在消费、购物方面，大多数人是不想通过大脑去专门思考的，说得通俗些，就是"不过脑"——毕竟，每个人的时间都很宝贵，谁愿意把太多心思放在广告上？一条电视广告最短也要占据 10 秒钟，与那些能"一眼看透"的品牌相比，当然是后者更占优势。

"过眼过耳不过脑"，对用户来说这就是最高级的传播。很多企业爱站在自身角度，硬要"过脑"，把简单的产品说得很复杂，以此凸显技术水平，殊不知堆砌一堆专有名词，让

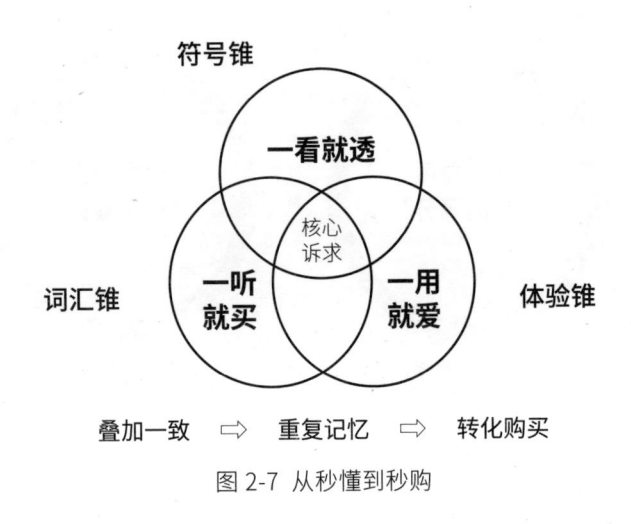

符号锥
一看就透
词汇锥　核心诉求　体验锥
一听就买　一用就爱

叠加一致 ⇨ 重复记忆 ⇨ 转化购买

图 2-7　从秒懂到秒购

消费者不能"秒懂",只会与消费者的距离更遥远,退一万步说,同行间的品质差距,真的有那么大吗?所有的鞋靴品牌都爱拿皮质当卖点,可千人一面只会让消费者更加云里雾里,最后反而是玩概念、做情感的"踢不烂"杀出重围。

　　许多年前,我们在为德芙巧克力思考品牌认知新的突破点时,就已经有意识地在运用认知锥的方法。根据品牌方给出的市场报告,德芙有两大消费者群体,一是 16~28 岁,处于恋爱期、注重浪漫的情侣;二是喜好零食的年轻白领。同时我们发现,巧克力的品质和口感依旧是消费者在选购时的第一考虑点。当时,德芙全线刚刚更换了新包装,看上去更优雅、更具品质,但是怎样才能把这种优雅、品质感与口感糅合在一起,更好地传递给消费者,让他们觉得德芙是"不一样"的？

德芙产品的优势在于"丝滑"，原因之一是它用精磨机精磨原料的时间比其他品牌的巧克力产品更长一些。问题是，丝滑这种意象化的概念，单说出来十分空洞，要怎么展现呢？

首先，德芙确定了"牛奶香浓，丝般感受"和"此刻尽丝滑"两句广告语，然后立足这样的概念拍摄了两支广告片《丝滑女人篇》与《橱窗篇》。显然，前者是词汇锥，后者是符号锥。正所谓符号锥抢眼，词汇锥入心。

尽管场景不尽相同，但都以巧克力色丝绸贯穿整个广告，强调德芙巧克力细腻滑润的口感如丝绸一般，从视觉（看得见的丝绸）、听觉（听得到的广告词）与体验（广告中人物与丝

图 2-8 通过认知锥打造德芙品牌认知

绸的互动）三大角度，瞬间就能调动起消费者的综合感官体验，充分利用联觉感受，将"丝滑"认知强力打入用户心智。

哈尔滨啤酒也曾做过一个很魔性的广告，叫"一起哈啤"，还请来了国内歌手张震岳和前NBA（美国职业篮球联赛）明星奥尼尔拍摄。很明显，这个主题就是"一起HAPPY"的谐音，一听就懂。同时，这里面还藏着一个大多数男性消费者都能理解的"梗"，那就是张震岳的长相神似NBA巨星詹姆斯，而詹姆斯和奥尼尔又曾是克利夫兰骑士队的队友。有了这一层"关系"在，张震岳和奥尼尔的"一起哈啤"变得格外应景和自然。整支广告基本没有提到所谓的"啤酒酿造工艺"，消费者也不需要被灌输这些信息，他们只要秒懂这款啤酒能让人"开心"就足够了。

以此类推——

消费者懒得去管一碗牛肉面要花多少工序，
只想确认"就是这个味"。
消费者不想被科普制造一台空调需要什么技术，
只想记住某品牌承诺了"一晚一度电"。

这套理念被"口红一哥"李佳琦贯彻到了极致。这位90后淘宝主播，在2019年"双十一"期间迎来了声势巅峰，热度居高不下。不必过分探讨背后种种原因，只需围观一场他的直播，听听他在介绍商品时的话术，很容易就能理解为什么仅凭坐在镜头前不间断地说话，他的年收入能飙过千万。

首先，李佳琦拥有很鲜明的个人标签。语言上，他的口头禅，"Oh my god！""我的妈呀！""太好看／用了吧！""所有女生，买它买它！"几乎在介绍每件商品时都会出现。不断地重复，就是在不断地深化认知。

接下来，看看李佳琦的口红销售语录——

> 天不怕地不怕的颜色。
> 忘记前任的一支颜色。
> 不仅是2019年的春天到了，你的春天也到了。
> 少女感满满，初恋的感觉。
> 涂上你就是贵妇！
> 穿风衣的时候，一定要有这种颜色。
> 啊，好闪！五克拉的嘴巴！
> 这支唇膏在嘴巴上面会跳舞。
> （这支口红给人的感觉）甄嬛上位以后回头一笑，对着那些人说"老娘赢了！"

发现了吗？比起单纯围绕口红本身的描述，李佳琦会在额外加上"致命一击"，这是一种类似洗脑式的销售话术。他尤其擅长营造某种代入感极强的场景，比如甄嬛上位、忘记前任、天不怕地不怕等，瞬间就能直接击中女性消费者内心，抛给她们一个现成的消费理由。要知道，厉害的营销词汇，是能传递决心和信念的。毕竟大多数女生在选购口红时，买下的不只是商品本身，更是自己对于美好生活的向往，而李佳琦说出来的每一句形容，都带有明确的指向性。谁能经得住这样的诱惑？

综上所述，做品牌认知，必须以"秒懂"为终极目的。能用耳朵和眼睛解决的问题，就不必调用大脑。越简单越好，越单纯越好，而且要注意重复，重要的话说三遍。能做到让消费者"秒懂"的产品，没有理由不成功。

02 为什么非得多种感官认知和重叠？

既然要通过"叠化"做到"秒懂"，那我们就追根究底，思考一下这个问题：为什么在做"三锥合一"时，一定要注意把视觉、听觉和体验三重认知叠化？

了解一下人类大脑处理信息的基本原理：第一，大脑对视觉信息的处理是分层级的，信息被一层一层抽提出来往上传递进行处理；第二，大脑对视觉信息的处理也是并行的，不同的脑区提取出不同的信息，最终糅合形成认知；第三，脑区之间存在着广泛的联系，同时高级皮层对低级皮层也有很多的反馈投射；第四，信息的处理普遍受到自上而下和自下而上的注意的调控。当一定的焦点对象存在时，很可能背景甚至其他的信息元素如声音等会被忽略。也就是说，大脑可以选择性地对某些空间或者某些特征进行更加精细的加工。

还记得之前说过的"过眼过耳不过脑"吗？信息爆炸时代，消费者都希望"套路"简单点，能不用脑就不用脑，尤其对广告、营销这些东西，大脑大多处在一个"懒得运转"的状态。对照上面的四条原理，总结出的规律就是，做品牌认知时，要聚焦，要着力，更要"不费劲"，这也是认知锥想传达的理念。

在我们的孩提时代，最容易记住的东西，都是那些呈现方法最直观的，比如认字卡片上的那些常见词汇："足球"，是一个球体，而且可以用脚去踢；"红旗"，肯定是红色的，而且是块布，可以随风飘扬。这两个看似简单的词汇，其实已经做到了视觉和听觉的重叠，非常符合人类最基本的认知原理。包括蜘蛛侠、绿巨人、蝙蝠侠、小红帽、三毛……这些世界范围内的优秀"品牌"，本身也都是感官重叠的出色结果，观众/读者一看到名字，就能在心中勾勒出形象。

那么，以前品牌都是怎么集中兵力做认知的呢？它们往往会调动大量的资源，但只从视觉、听觉和体验三者中的某一个层面去重点攻破。视觉营销、听觉营销和体验营销是传统营销时代的三大划分方式，但如今，它们已无法各自为政。

单一的感官营销不管用了

人们的消费行为，主要由视觉、听觉和体验三重感官牵引。在过去的年代里，品牌往往爱在单一的感官营销上下功夫，但越来越多的迹象表明，这已经不管用了，或者说不够那么管用，性价比没那么高了。

曾经，视觉就是广告唯一的表达形式，文案加设计出一版海报就可以，区别只在于不同作品之间构思和质感的差异。可如今，纯平面时代已经终结，2019年下半年，我参与了"龙玺"环球华文广告奖的评选工作，那么多华文广告作品，只有一张纯平面入围了最后的颁奖环节。进入数字营销时代，再想依靠单种途径、只调动一重感官就打穿用户认知，这无异于天方夜谭。优秀的陈列设计、优秀的视觉营销设计和优秀的展示设计……这些是永远不会过时的，但单纯的视觉营销，可能正陷入"失灵"的窘境。

听觉是用户认知的第二途径，包含品牌名称、广告语、音乐等。而所谓的品牌听觉资产，就是能用来区别于其他品牌的广告音乐、广告语或其他声音标识，最重要的是，品牌可以通过这些声音刺激达到强化消费者品牌记忆的效果。但是——我又要说但是了，曾经我们听到一个简短的声音标识，就能想到品牌，放在今天基本上不可能再有这样的效果，且很少会有品牌再单纯地想依靠这种声音标识而杀出重围。

智能手机的普及和移动互联网的提速，大大推动了流媒体的诞生和发展，同时带来了海量的音乐作品和海量用户，并跟社交网络等其他互联网服务形成了一体化的音乐传播系统。由此直接引发的后果就是，所有网民每天能接收到的音频信息，相较过去都在成倍增长，纯听觉的营销由此开始变得尴尬。

由亲身参与所形成的体验是构成品牌认知的第三途径，包含产品力体验、场景体验、事件体验等。可单一的体验营销本身，其实是有滞后性的，是"慢一拍"的，因为最快最普遍的传播方式依然是听觉和视觉，且要带给消费者体验，就需要一定的空间，布局上就有了大问题。很多品牌选择找某个繁华地段（譬如北京三里屯太古里）开一家快闪店，但人流量再高，能影响的人数也是有限的，只能作为一个品牌的标志性事件发生。

从前，直接用视听元素都可以搞定用户，到了信息爆炸时代，单一的视觉、听觉和体验营销面临"失灵"的窘境，必须二重叠加才有更好效果，所以出现了电视广告。而面对当下的营销形势，除了曾有的品牌符号、广告金句等，更需要协同性的迭代武器。

遥想14世纪中期的克雷西会战，英军以英格兰长弓大破法军重甲骑士与十字弓兵，接连打退了法军的十五次冲锋，最终获得大捷。获胜的关键就在于长弓这一新型武器的运用。所以说，一旦掌握更先进的基础理念，就有机会可以挑战目前占领优势地位的竞争对手。数字营销时代，想要上下打通，必须使用认知锥，尽可能叠加三重感官。毕竟，认知锥所具备的不仅是集中兵力、叠加体验，更拥有三方协同作战的能力。

多种感官重叠，让认知从量变到质变

这部分我们将从人体最原始的感官角度，来说明叠化带来的"过瘾"。人们之所以那么喜欢干杯和演唱会，都是基于多重感官重叠的人脑接收原理。

为什么人们喝酒时喜欢干杯？因为喝酒这个动作本身影响着体验（入口入喉）、视觉（看着酒席上的亲朋好友，愉悦感），这时候将杯子碰撞发出清脆的响动声，引发酒桌众人的欢呼，就是往这一过程中加入了听觉元素，更添气氛。如果大家只是举杯遥祝，整个场面可能就会十分无趣和冷淡。

同样，人们去演唱会也不是单纯为了听歌的，毕竟网络如此发达，想听歌了打开 App 一搜就有，为什么要特地买票去看？据说周杰伦的演唱会门票已经炒到了 6 万元的"天价"。亲身看过演唱会就会明白，视觉上可以亲眼看见自己喜欢的明星在台上唱歌，听觉上自己也在跟着唱，甚至被氛围影响挥动着荧光棒。多重的感官重叠形成了强烈刺激，这种感觉是自己在家听歌无法体会的。

迪士尼乐园的"汽车总动员"主题项目也是同理，叠加了视觉（电影本身的 IP[1] 形象）、听觉（经典的电影配乐）和体验（过山车项目本身的惊险刺激感），再加上现场的尖叫声，带给游客的体验甚至已经超过三重了，比单纯去"旁观"一部电影要过瘾得多。

我们继续说人体感官这件事。其实几千年来，人们基本的感官反应是没有变过的，这就是"国潮复兴""古风范儿"依然能打动现代人的原因。

合作三生三世系列剧之《三生三世十里桃花》时，出品方将 IP 名称中的"桃花"、电视剧布景中的"十里桃林"和主题曲《凉凉》中的"浅浅岁月拂满爱人袖，片片芳菲入水流"多重叠加，将桃花烙印深深打入人们的心智。出品方选在 2 月 14 日情人节起，在北京地铁的西单站做了一个"桃花长廊"，在那段人行通道张贴了大量电视剧海报，并现场还原了剧中的"十里桃林"，还加入了抽桃花签、求桃花运、领鲜花礼品等各种活动，引得不少人驻足观看、拍照留念。项目结束很久以后，我发现仍然有众多的旅游景点在用"十里桃花"这个概念，婚礼上也有很多人做全息的桃花主题，整体

---

[1] IP 原本是英文"Intellectual Property"的缩写，直译为"知识产权"。现在已经有所引申，可以理解为所有成名文创（文学、影视、动漫、游戏等）作品的统称。进一步引申来说，能够仅凭自身的吸引力，挣脱单一平台的束缚，在多个平台上获得流量，进行分发的内容，就是一个 IP，因此 IP 也可以说是一款产品，能带来效应的产品。

氛围特别浪漫唯美。

　　为百威啤酒打造的品牌迭代战役，同样是一个灵活运用认知锥实现"叠化"的实例。百威是世界知名的高端啤酒品牌，1876年诞生于美国，公司总部设在美国密苏里州圣路易斯市，20世纪90年代后期进入中国市场。早期百威的Logo是一个红底白边的领结，广告则延续品牌在海外的风格，使用了经典的"蚂蚁背啤酒"，但当时销量比较平淡，远没有占据中国高端啤酒市场的份额。

　　百威在保持品牌名称不变的情况下，改变了VI和主要卖点，打出"皇者风范"的广告语，并在Logo上加上了一顶皇冠。同时，百威策划了一系列的营销活动，都紧扣"皇者"这个主题，比如皇者音乐节，以及赞助亚洲顶级"单一车型赛事"亚洲保时捷卡雷拉杯（PCCA）等。

　　当时，百威携手土豆网，推出4集百威《皇者风范》微电影，讲述"啤酒之王"与"赛车之王"之间的传奇故事，最后正式官宣百威与亚洲保时捷卡雷拉杯赛车达成合作。另外，还和新浪微博、人人网推出"皇者之力"主题的多屏互动活动，用户通过手机App与电脑连接，用手机控制网站中的百威保时捷赛车在赛道上驰骋，将用户的皇者之力注入保时捷赛车。这也是为了给消费者营造出一种体验感。

　　凭借视觉（Logo）、听觉（"皇者风范"的广告语）和体验（活动沉浸）等多重感官叠加，百威迅速在消费者心中树立起了高端形象，占据了中国高档啤酒市场相当大的份额，尤其是高档酒楼、涉外宾馆、高级娱乐场所等几乎是清一色的百威。

总之，无论是演唱会造就的视听盛宴，还是《三生三世十里桃花》营造出的浪漫唯美、百威转型升级"皇者风范"，其实都建立在多重感官重叠的基础上。单一元素只能带来好听的歌、好看的画面、有新意的Logo，却无法推动认知完成量变到质变的升级。为什么非得做到多重感官的认知和重叠？这就是原因。

有认知的"护城河"，企业才能稳守巨量无形资产

帕特·多尔西（Pat Dorsey）在《巴菲特的护城河》一书中提到，企业的"护城河"分为两种，一种是虚假护城河，比如优质产品、高市场份额、有效执行和卓越管理；另一种是真正护城河，指的是企业能长年保持竞争优势的结构性特征，是其竞争对手难以复制的品质。而"真正护城河"里，品牌力、商标、专利或法定许可，能让该企业出售竞争对手无法效仿的产品或服务所组成的"无形资产"是护城河的核心所在。

所以说，"我有人也有"的那些品牌资产，其实是虚假的护城河，只有"人无我有"的那些东西，才是真正的品牌核心所在。

众所周知，所有的产品，其实都在给消费者提供两个价值：一个是产品自身的价值；一个是产品的心理价值，或者说是品牌价值。消费者在进行选购的时候，会综合考虑这两个价值和自己需求的匹配程度。

举个例子，在某电商 App 上你可以买到耐克代工厂生产的仿款鞋，从款式、颜色到做工，都和正品大同小异，区别只是没有印上耐克的对钩 Logo。此时一位高中男生要买鞋，他很喜欢这个款式，由于囊中羞涩只能选择仿款，但在有钱之后，可以肯定他一定会选择耐克原版。在这种情况下，他对品牌价值的心理需求压过了对球鞋本身的使用需求。

这位男生其实是很多消费者的购物缩影。第一次消费某品类产品的时候，大多数人关注的都是物理属性，一旦到了二次消费的时候，他们对品牌的认知会迅速提升。之前我们说到依云，同样是矿泉水，它和普通品牌的产品价格可以相差 10 倍，其中固然有水源和供应链的不同，但真正能喝出差异的消费者少之又少。消费者选择不同价位的矿泉水的时候，主要的区别就是在品牌认知上。

产品本身的差距，通过产品设计、供应链管理、原材料创新这些步骤是可以弥补的，在激烈的同质化竞争中，真正能够做出较大差异性的，其实更多的是在品牌上。

做足品牌认知，能让消费者心理价值更高、更持续，忠诚度更牢固，复购率更高，甚至能够接受一定范围内的涨价。

低认知的品牌，消费者更多关注物理属性，由于心理价值低，所以更换、放弃使用成本更低，忠诚度差，也更容易受到价格影响。

只有借助认知锥，把视觉、听觉和体验这三重资产重叠、品牌认知做到满分，才能成为在消费者心中稳固的、不易被偷走的固定资产。三位一体，就是最稳定的品牌认知金字塔，也是品牌认知的最极致体现。只做到两层重叠，姑且算是合格，稳定发挥。如果在当下的营销环境下，还是只做单一维度，其实已经是不合格的营销了。

03 认知锥，品牌创始人的必修课

这两年，越来越多的创业者开始活泛思维：创造一个诉求、设计一个符号、提炼一段故事、发起一个新鲜话题甚至跃跃欲试想开一家快闪网红店。

这时，新的问题出现了。一个严峻的事实摆在了所有品牌面前：作为信息接收方的消费者，并没有义务必须要承载这么多"资产"。这是个一切都在高速狂奔的时代，每个人的时间都很宝贵。研究报告显示，消费者的注意力集中时间已缩短至不足 10 秒，品牌必须在尽可能短的时间内精确击中用户的兴趣点。我们必须通过认知锥，将前述的种种资产叠化成一件事，一次性打通消费者的视觉、听觉和体验三重路径。凭借"极致+口碑"，急速锥透用户认知障碍，这是创始人的必修课。

未来是首席认知官的时代

打造认知锥是一种信念、一种精神信仰，这就是所谓的"人锥合一"。做品牌从来没有什么捷径，想成功，就要做到认知与产品的双满分。工业化流水线发展到今天，同行业、同类型产品的质量水平已然高度相近，那些迟迟难以脱颖而出的产品和品牌，原因无外乎是认知锥做得还不够极致。数字营销时代，流量红利濒临殆尽，企业想要获得成功，就要敢于拥有引爆市场的"野心"，但这份野心必须建立在无限趋近满分的产品和认知上，二者兼顾，缺一不可。我可以大胆预言：未来会是首席认知官的时代！

什么是"认知锥"最大的阻碍？人性中的那份贪欲。千万要谨记：产品做加法，认知做减法，传播要裂变，认知要聚焦。这里的减法，其实更像是做一个精准的认知。满眼的信息，在我们这个时代一点都不足为怪，我们已经渐渐习惯接收会议、手机以及各种设备发送出的各种信息，所以筛选价值信息变得异常重要。

比如说，你要开一家主要为了满足社交属性、人均客单在 100 元左右的中餐馆，那么首先就要思考，顾客上门的目的是什么？你能够满足顾客怎样的需求？以及最重要的，联系认知锥，你希望顾客对你的认知是什么？既然是社交属性，我们不难想到，他们来主要是带朋友来吃（请客），带家人来吃（聚餐），和同事、领导吃饭（商务）。所以，从餐厅命名（视觉＋听觉）、装修（视觉）、服务（体验）、音乐氛围（听觉）到菜品研发，你都要让顾客觉得有品、有面子，被邀请的人体验好、吃得好，一旦达成了这个共识，接下来就只需要对症下药。这就是认知锥存在的意义，让企业更聚焦，战略不跑偏，转化最倍增，品牌不模糊。

"被认知"就是企业的自来水

谁说企业做品牌，就必须要不断烧钱买流量、打广告？真能够做好认知，就会发现收益是源源不断的。"被认知"本身就是企业的天然自来水，从某种意义上说，简直是"一本万利"。

娇韵诗成立于 1954 年，是法国美容界的著名品牌。虽然在欧洲经营许久，但直到 2011 年它才正式进入中国，远落后于欧莱雅、雅诗兰黛等品牌。娇韵诗之所以能在中高端护肤品牌阵营中，从平平淡淡做到迅速突围，这支 V 脸精华起到关键作用。

它的原始产品名是"娇韵诗提拉V精华",主要功效就是让脸部肌肤更加紧致,说得通俗些就是"瘦脸"。在推广之初,娇韵诗并没有为它投放太多电视广告,而是广泛铺下户外海报、电梯广告、网络旗帜广告(Banner Advertising)等,主体画面就是一个大大的字母"V",借助视听一体的认知锥方法迅速让"V精华"的概念植入消费者脑海,同时打开知名度和销量。

从此之后,娇韵诗就成为"V脸"的代名词。后来,雅诗兰黛等大牌也纷纷杀入这一领域,打出提拉、紧致、瘦脸的"功能牌",却难再超越娇韵诗的V脸传奇。毕竟,后者直接定义了这一空白领域,只要其他品牌还在使用"V脸"这一概念,就等于是在间接性地给娇韵诗打广告。这样的"认知锥"一旦形成,简直是一本万利。

词汇 = 符号 = 体验
听觉词汇:V脸
视觉符号:V
产品体验:塑颜小脸型

图 2-9 娇韵诗"三锥合一"的V脸精华

兰蔻"小黑瓶"的成功，也是同理。这是一款精华肌底液，主要功能是修复肌底，让肌肤细嫩。但如果将品牌认知只维持在功效上，就要面对三大问题：第一，市面上太多同类型品牌都在打"功能牌"；第二，存在一些较为低端的品牌，借助兰蔻自我推销，宣称"兰蔻相似配方"，白白为他人作嫁衣；第三，如果要深入成分解读，存在着消费者难以理解和保密配方两重障碍。

好在兰蔻没有过多纠结于此，反而从看似更"浅"的外观入手，一瓶肌底液分量从20毫升到50毫升不等，看起来小小一份，且又是黑色瓶身，本就显得神秘、优雅，不如就直观称呼为"小黑瓶"。这一称呼迅速拉近了"国际大牌"与消费者间的距离，许多女性客户直接在购买时点名就要兰蔻小黑瓶。从那之后，也有其他品牌开始自我称呼为"小×瓶"，但和之前娇韵诗收到的效果一样，每出现一次这样的称呼，就让人联想到一次小黑瓶，后者地位显得越发超然。

工业化流水线发展到今天，同行业、同类型产品的质量水平已然高度相近，那些迟迟难以脱颖而出的产品和品牌，原因无外乎是认知锥做得还不够极致。数字营销时代，流量红利濒临殆尽，企业想要获得成功，就要敢于拥有引爆市场的"野心"，但这份野心必须建立在无限趋近满分的产品和认知上，二者兼顾，缺一不可。

认知变现

接下来，我们来聊聊认知变现。其实在做足了品牌认知的前提下，变现就成为一件水到渠成的事。品牌传播的第一步是什么？就是顾客得能认出品牌。没有品牌名称便无从联想到品牌特征。不树立品牌名称而直接传播品牌特征，只会徒劳无功。

几乎所有预测新产品成功与否的模型都认为，顾客是否认识品牌是新产品成功与否的关键前提；购买决策很少在不认识品牌的情况下发生。而且，顾客不认识品牌，就很难了解新产品的功能和优点。在顾客认识品牌后，接下来企业就只需补充产品特征等品牌联想。

建立起了初步的品牌认知，顾客对品牌就有了一种熟悉感，而人们大都喜欢熟悉的事物。特别是越重要的产品，熟悉与否往往会影响人们的购买决定。如果没有特别原因，顾客不会深入评估产品的具体特性，只要觉得熟悉，就会直接购买。研究表明，接触次数与喜爱程度呈正相关，无论是抽象的图片、名称、音乐，还是其他诸如此类的事物，这一结论通通适用。那么，落到实际操作中，有哪些方法可以加速认知变现？

一是产品驱动。这里的"产品"，其实包括了产品和服务两个方面。首先是产品质量过硬，确实让客户感受到了高于同类产品的使用体验；其次是商家售前和售后服务，让客户觉得满意而来，尽兴而归。以这两步做基础，让客户先对你产生认同感，而后才能顺势引导消费。

二是精神驱动。这和品牌认知的关系异常紧密，是指让消费者觉得使用此产品或品牌有趣、有审美、有档次、有格调、够体面，一旦这样的认知得以树立，再经过商家的营销造势，消费者就会在潜意识里形成精神寄托，这份精神寄托自然会引导他完成消费。

近两年，很多新兴的互联网化妆品牌都爱给品牌打出"国货之光"的名号，除了号称"中药养肤""古方养肤"，还热衷于借助古典元素如雕花、纹饰、工笔画等来包装产品。这固然是在增加消费噱头，但也为自己的品牌制造出了让消费者购买的理由。

三是最现实的利益驱动。因为产品本身设计的推荐机制，通过社交圈分享推荐好友，可以获得一定的利益。这种好处既包括各种朋友圈裂变页面，内含送券、优惠、赠品等各种物质利益，也包括一些虚拟产品的使用，比如分享社交圈可以解锁新功能、可以延长会员时长等。

在任何时代，做品牌都不是件容易的事。7-11（7-Eleven）创始人铃木敏文曾经说过，越美味的东西，越容易腻。说明顾客对于产品本身基本是没有忠诚度的。这一点在时尚领域，体现得更为明显,所谓时尚,就是在换季时成为过时的、被人丢弃的东西。所以,女人衣柜里的衣服越来越多,却还在抱怨"出门不知道穿什么"。她们永远少一只包包,永远少一双鞋,永远少一支口红。越好看,就越容易厌倦,很残酷,但也很真实。

一个好的品牌,可以帮助企业的产品营销、产品规划、用户服务进行深层次的嵌入。建立一个品牌形象,就像下一盘棋,需要布局,更需要破局。破局就是竞争,品牌竞争维度从低到高是产品买卖、渠道竞争、广告宣传、品牌竞争,品牌是走进用户心智的高维竞争,认知锥的"三位合一",就是所谓的破局之道。

整个第二章,已经对认知锥方法论做了全方位的讲解,看到这里,不妨沉下心来思考——你的品牌认知"三锥合一"了吗?

第三章

——

三步打通：从定位到认知

在互联网时代，怎么打造认知锥？我的实践总结可以归纳为三步法则：定位词汇化、词汇符号化、符号体验化。

今天多数中国企业家和市场营销人员都清楚定位、词汇、符号、体验等这些词的含义，但并没有多少人去真正剖析过它们之间的关系。我花了二十多年时间来实践，破解它们的逻辑谜题，只为搞清楚如何协调四者的关系合力作战，打穿认知。

01 定位是基础，"三锥"来检验

各品牌总在说"做定位"，由此发展出三个问题——怎样精准找到品牌定位？品牌定位具体应该怎么做？以及最关键的一点，做到什么阶段或程度，才能算是做好了定位？与前两个问题相关的观点和理论已经有很多，在此也无须赘述。但以下两点，我认为对今天互联网时代的品牌营销工作尤其具备价值。

第一，许多品牌之所以做着做着就陷入泥淖，最大的错误是试图满足所有人的需求，这就是"人人满意陷阱"。一味地纠结"我们要满足谁的需求",还不如问"谁不用我们的品牌"。康师傅红烧牛肉面的时代已经过去,一款单品通吃全国老少是可遇不可求的历史时机。盲目地追求让所有人都喜欢,最终只会落得个无人问津的下场。

不论哪个行业,都是如此,把所有兵力聚焦于一个差异点上,远胜于平均分配兵力然后被竞品各个击破。我们做"巧面馆"的第一款产品"香菇炖鸡",就是试图拉拢所有人,但并未获得成功。而当我们断臂求生舍弃了一部分清淡口味人士后而聚焦重口味的老坛酸菜和老坛泡椒,市场的大门就向我们敞开了。

以最近几年很火的 B 站为例,最早 B 站定位是最大的二次元交友网站,对于 B 站,用户认知只有一个:看动漫。即使 B 站上市以后将定位扩展为泛 ACG[1] 文化视频网站,用户的认知仍然是:去看 UP 主们上传的各式各样的视频和直播。无论 B 站的业务线如何更新,始终未变的是其聚焦定位在二次元人群,并没有动摇过想去迎合其他人群。

2018 年暑期的爆款"黑马"《镇魂》同样也是一例。作为一部无流量明星坐镇且题材小众的平台独播网剧,《镇魂》播放量达 36 亿,微博话题阅读量达 180 亿,且播出期间与体育盛事"世界杯"、年度综艺"创造 101"并列为社交平台

---

1 ACG,即 Animation(动画)、Comics(漫画)与 Games(游戏)的缩写。

三大风暴中心讨论点,最重要的是直接带出了热度艺人。这样规模化的成功与整个团队对圈层文化与受众挖掘的精准定位是分不开的:播出后有针对性地定点引爆小圈层狂欢,并凭借着主演精湛的演技和个人魅力成功将影响力向"大众向"进行蔓延,最终引发了暑期追剧热潮。

在当下的群体聚集社交平台上,"圈层文化"已经成为传播、营销和内容从业者的必修课。只有搞清楚了自己品牌或作品对应的圈层,才能对症下药,跟进后续一系列造势行为,制造出圈层中人感兴趣的内容和话题。这种圈层传播以内容为载体,呈散点状、涟漪式扩大,最终形成所谓的"圈层效应"。正是由于圈层文化的存在,越来越多的个体在社交媒体上的行为呈现出"轻互动"的特点——只关心自身圈层的内容和讨论,追捧自身圈层的意见领袖。这种有明确目标的互动行为,对品牌来说其实是"减负"了,可以更聚焦。

第二,人的心智和电脑很像,最大的不同在于,电脑对所有信息都来者不拒,人的心智却有一个针对现有信息量的防御机制,它只接受与其状态相符合的新的信息,然后把这个范围以外的其他一切都自动过滤掉。这带给我们做品牌的启示是,完成定位、圈定受众之后,不要总想着扭转他们心中的观念另起炉灶,而要学会"顺势而为",在迎合的基础上加入希望输出的新的东西。正如迪士尼那句创作箴言所说:"在拍摄一部电影的时候,别去考虑成年人,也不用考虑小孩子，只考虑每一个人内心深处纯洁的地方。"

2014年，我赋能了青岛啤酒旗下第二品牌——崂山啤酒的年轻化焕新战役。当时崂山啤酒被青岛啤酒收购多年，是山东中低档啤酒市场第一品牌，但这个品牌的销量很难有大规模增长，因为其市场认知半径范围被局限于山东省。2014年青岛啤酒在半年报中表示，要将崂山啤酒打造成全国性第二品牌产品，主要是为了应对雪花啤酒等竞品的价格战对青啤的影响，打造崂山啤酒意在形成对青啤价格保护策略的全国化战略。

当时，崂山啤酒的转型面临两座高山：第一，地方品牌如何跨区走向全国市场？第二，传统品牌如何年轻化？此前，崂山啤酒的品牌主张非常有山东的地方特色，打的是类似"重情义一口干""敬好朋友"的友情牌，代言人也邀请的是饰演宋江的张涵予，在对目标人群的打法上也比较精准。但是经过调研我们发现，移动互联网发展到2014年，比起线下相聚，中国的年轻消费者们更多地愿意在微信、微博等平台沟通，他们之中流行的文化也比较轻松，传统广告的思维对年轻族群已不再有效。"两肋插刀友情"已不太适合当下的传播环节。崂山啤酒品牌年轻化的需求由此而来。

咨询起步阶段，我们收到了企业内部很多声音，有人说应该继续打友情牌，也有人说现在的年轻人都喜欢宅在家里，连见面都很少了，不用一直提友情。但是我们认为，无论媒介环境如何迭代，流量盛宴如何消失，但年轻人渴望社交的心不会变，友情依旧是人类永恒主题，只是表达的方式变了。那么，保持友情这个核心情感不变，我们还有机会吗？如何深挖新时期的友情，让这份情谊不那么沉重、不让人有负担？我们重新梳理逻辑，顺应互联网时代的社交场景，从用户认知出发，刷新出了"趣友情"和"微友情"的核心定位。

"趣友情"说的是趣味相投的友情，既是"意气相投"的95后版本，也是圈层文化和兴趣经济的集中体现。作为互联网最重要的用户群体，年轻人以兴趣爱好、价值取向等构建话题圈层，积极寻找同好，对圈里人的包容性远大于圈外人，圈层给他们带来认同和共鸣。现在流行一个说法，你和未曾谋面的同好之间的关系，可能比和每天都必须见面的同学/同事之间更加亲密。"微友情"同样包含着双重含义，由微信和微博这些社交App衍生出的友情，以及微小但不渺小、轻量级的友情。

根据这两大定位，我们提出了全新概念"我们喝伙人"，用更贴近年轻人语境的方式为友情喝彩，并且根据打开全国市场开发出中国男子篮球职业联赛（CBA）球星罐。这个提议最终获得了青岛啤酒集团全场认可，由此产出了一整套全新的品牌策略，配合后续的营销组合拳，崂山啤酒也迅速打开了全国市场——年销量从 50 亿元攀升到 100 亿元，跃居青岛啤酒集团第二品牌，品牌价值从 2014 年的 81 亿元上升至

205亿元，从山东地方品牌跃居全国五大啤酒品牌之一。

　　回到最初提出的三个问题。我认为词汇锥、符号锥和体验锥这"三锥"，存在的意义不仅在于能合力铸成认知锥、帮助品牌锥透认知，而且它们本身就是检验品牌是否顺利完成从定位到转化的标准。

　　为什么这么说？试着站在消费者的角度考虑，你在心里怎么判定对一个品牌是否熟悉？无非是从词汇、符号和体验这三个角度展开联想，能够得出结果，则证明有所了解。兰蔻精华液的俗称"小黑瓶"、德芙巧克力视觉层面的丝绸符号、戴森吹风机带来的舒适体验，都是这种"联想结果"的优秀代表。品牌一旦能塑造出自己独特的烙印，就能从词汇、符号和体验这三个方向上将认知锥入消费者心智中，这样的"做定位"就是成功而有效的。

02 定位有"陷阱"？想要避开陷阱，请先寻找"愿力"！

　　在进一步讲解三步法则之前，我们先讨论一个极具争议的议题：如何避免定位的"陷阱"？

　　做品牌，定位的重要性毋庸置疑，从定位出发几乎已成为每个企业家的功课。研发出合适的产品之后，先做定位，出产品命名，最后出其他各种营销和传播素材，这就是一条开拓新品牌的流水线。看上去，这个决策过程无比正确，但更重要的东西被忽略了。

"定位的背后是什么？"

我的理解是：定位的背后就是品牌的愿力。避开"愿力"谈"定位"，无异于筑造空中楼阁。在践行三步法则之前，首先要做的是从人性中挖掘出品牌的"愿力"，即所谓的企业的愿景、使命和价值观，它们都源于人类共同的母体价值观，这是藏于进化史中人类大脑的集体潜意识里的，一如卡尔·荣格（Carl Jung）所提出的"集体无意识"，是"人类祖先进化过程中，集体经验心灵底层的精神沉积物，处于人类精神的最底层，跨越种族、国家、文化、时间等一切，包含着愚昧与文明的冲突：黑暗与光明、恨与爱、宿命与励志、压迫与反抗、不安与安全、生存与健康、美与丑、悲情与欢乐，等等"。当然，企业要找寻的愿力，一定是其中美好向上的一面。找到愿力就是帮助企业找到了母体价值观，就有了源源不断的能量供给。"愿力"和定位打通，品牌就有了"根"，这是最深层次的品牌精神。这个根足够深足够大，品牌的价值就越高越稳，定位就不会走上弯路或者反复摇摆。

佛教有显宗和密宗两个法门，其实品牌也有显和密的两部分。故事、符号、广告金句、产品体验、产品人格，甚至定位都是"显"性的，唯有愿力和母体价值观是"密"性，

图 3-1 品牌中的"显"与"密"

如水面下看不见的冰山。母体价值观处于更底层，我们可以观察到，每个成功的超级 IP 和品牌都在传递正向的、为人类所普遍拥有和共同追求的价值观。优秀企业家本质上追求的是一种普适意义上的价值认同感和文化共鸣，而不仅仅是利润层面的快感，他们能从人类共同的价值观中汲取自身企业的愿力，最后确定为企业定位。

被感知的愿力

我们能从很多的商业艺术作品和品牌的塑造中，感知到这种愿力。比如下面这些取得口碑与票房双重佳绩的爆款 IP：

《蝙蝠侠》——对抗黑暗的正义；

《摔跤吧！爸爸》——对抗宿命的女权觉醒与励志；

《我不是药神》——对抗病魔与特权的生命渴望与侠义；

《拯救大兵瑞恩》——反战、厌战、尊重个体生命与亲情。

同样，同一个影视主题，但不同的价值观下的定位是不同的。比如：

《哪吒之魔童降世》——对抗宿命的"我命由我不由天"！

老版《哪吒闹海》——反抗父权的独立自我人格。

还有下面这些非常成功的品牌愿力，激发人们的正向情感，唤起用户共鸣，有些佳作甚至被引为人生座右铭：

麦当劳的"I'm lovin' it（我就喜欢）"，来自于母体价值观——爱与分享；

雪花啤酒的"勇闯天涯"，来自于母体价值观——成长路上的自我挑战；

崂山啤酒的"我们喝伙人"，来自于母体价值观——成长与友情；

Keep的"自律给我自由",来自于母体价值观——自由与运动;

　　豆瓣的"我们的精神角落",来自于母体价值观——人文与自我坚持。

愿力不是万能的,但没有是万万不能的。
愿力是连接天地人的力量,将人与品牌产生同情。
愿力越广,行销力越广,市场跨越地区和国界,四海一家。
愿力越真,品牌才能人格化,情感真实。
愿力越深,用户越有购买动机,品牌越有说服力。
愿力建造得越强大,品牌的护城河越宽,购买场景越大。
传播与创意内容是战术层面,愿力属于战略层面。

　　企业经常在换了个市场营销总监,或者市场竞品迭代了,就会把之前的产品定位推翻或者改一遍。这样的推翻成本并非是企业不能承受,问题的关键是产品定位到底有没有锚定的标准?

　　如果说企业是一艘大船,市场是不断变化的波涛大海,竞争在变,传播环境在变,消费者也在变,那么"愿力"就是那个让企业在惊涛骇浪中固定的锚,让企业进行核心价值判断的依据。只要找到了愿力,<u>企业才不会因为不同变化而慌了神,左右了判断</u>。李宁曾经发生过这样的问题,从最初的"中国新一代的希望"到"把精彩留给自己",再到"我运动我存在""一切皆有可能",定位一变,所有的营销操作和传播节奏全部打乱,摇摆不定的定位让消费者一头雾水。这也间接导致了企业毛利的不断下滑和门店数量极度萎缩。

那么,愿力在认知锥的打磨过程中,扮演了怎样的角色?下面这张注入了"愿力"的流程图,才是最完整的认知锥构建路径。

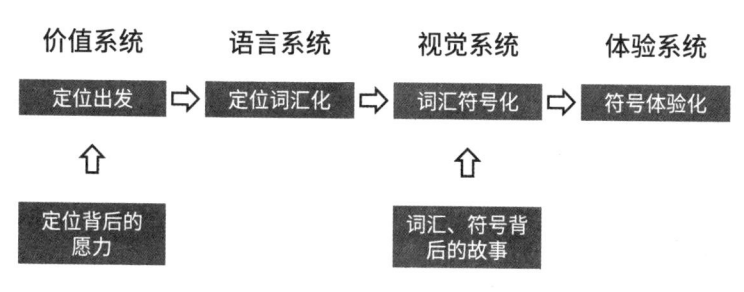

图 3-2 注入"愿力"的认知锥构建路径

愿力对品牌有多重要?

试着思考一个问题,如果现在进一批海鲜给你,由你负责销售,你会如何制定营销策略?

第一种层次是最容易想到的,就是"叫卖式",通过广告轰炸,鼓吹新鲜、美味、健康。很直接,不转弯。

第二种层次,把海鲜背后的故事作为传播要素提炼出来,海洋意味着大自然的味道，渔民自家捕捞或者是多少道工序处理，赋予品牌一种"精品感"。

第三种层次，传达品牌的态度和主张，关注海洋生态系统，关注人类和地球。重要信息点类似"不过度捕捞濒危鱼种，保持鱼群的可持续性，人类爱护海洋生态"，隐喻着"我们是遵守规则的海鲜捕捞企业"，"购买我们的商品等同于为爱护海洋生态贡献了力量"。这种附加在商品上的荣誉感和责任感，极容易击中用户心智。

"愿力"虽然无形，但是有无处不在的超能量，要知道马云在湖畔大学的第一课必讲价值观、使命和愿景。做产品认知，大可不必一出手就是产品特点，而应该从企业崇尚和贯通的某种人性价值观出发，比如迪士尼的价值观是带给人们欢乐。

现实中，很多企业就是因为没明确自己的使命、愿景和价值观，导致领导一更换，品牌的定位和营销策略就要跟着变动。2003年我在为阿里巴巴梳理品牌愿景时，马云的清晰诉求就是以"让天下没有难做的生意"为使命。我想这也是阿里能越走越远的基础。

在某次影视行业内部会议上，我提出过这样的观点："全人类的小说和影视创作领域的故事早就写完了，世界上没有新故事，但追求共同的价值观和道德观是底层逻辑。例如《哪吒之魔童降世》依托'我命由我不由天'的新时代价值观,故事焕然一新。IP创作越是定位在人性发展的愿力和文化母命题上,越能满足观众的情感需求,成为超能力IP的机会越大。"从品牌的角度来看,这个结论依然成立,即"品牌的建立,越是定位在人性发展的母命题上,越能满足最基本的情感需求,成为爆款的机会越大"。

1892年爱迪生创办通用电气公司时,电灯才刚刚被他发明出来,于是顺理成章地,公司使命确定为"让天下亮起来"。由于技术问题,那时候灯泡里的丝很快就烧没了,一次大概只能亮两到三分钟,而每一位进入公司的人,从员工到老板,都怀抱着同一份希冀:希望灯泡亮得久一点、再久一点,最好能持续到20分钟。这是他们都认同的事情,也是品牌真正在践行的事,让天下亮起来,给世界带去光明。尽管百余年里这家公司经历了兼并、重组和一代代的变迁,但品牌的愿力一直延续,所以直到今天,加入其中的人都充满荣誉感。

迪士尼的品牌使命是"让世界快乐起来"。最早一批进入这家企业的员工,都是天生的乐天派,或者至少是非常乐观生活的人。因为一旦确立了这样的使命,招聘员工的角度就会变得完全不一样,最后建立起来的组织也会焕然一新,充满欢乐。迪士尼和漫威联合出品的动画电影《超能陆战队》,故事也还是老套路,但由于精准把握了女性渴望安全与温暖臂膀的母命题,依旧俘获了全球女性的心。

你看,愿力对品牌有多重要——它能稳固企业的文化根基，能够形成强大的精神力量，能够凝聚人心，更能征服人心。如果说产品是企业的立身之本，那么愿力就是品牌得以兴旺发达的根基所在。想做好品牌、办好企业，一定要找到愿力。

品牌实战中的愿力提炼

在我的职业生涯中，也曾遇到过一些品牌，自身历史比较悠久，可能因为换了一位 CEO，就准备更换全套的企业战略，营销规划自然也被纳入其中。作为战略合作伙伴，我们在接到项目后，通常都是先对品牌进行翔实地梳理，帮助找到十几年甚至几十年来企业最重要的愿力，在此基础上再进行更大范围的升级，极罕见会选择"另起炉灶"。

在崂山啤酒的年轻化焕新战役中，我们没有丢弃原有的愿力"友情"，而是把"友情充电器"的理念进行升级，把梁山好汉式的铁血意气焕新成更符合当下的"微友情"，实际上品牌的内核是一以贯之的，只是面对不同时代的消费者进行了概念迭代。

我在操盘古今内衣的品牌年轻化焕新时也是如此。古今内衣有限公司位于上海淮海路商业街的黄金地段，是一家被国内贸易部认证为"中华老字号"的知名企业。20世纪40年代，古今在淮海路（当时称林森路）国泰电影院对面开张，代表着一种修饰体形、展现风姿的西方时尚，逐渐在有一定身份且意识前卫的女性中流行开来。但是今天的年轻女性基本不会光顾古今，因为她们普遍认为那是妈妈去的店。面临新一代消费人群的集体漠视，古今启动年轻化战略期望年轻族群走入古今门店。我在帮助古今内衣做战略梳理的时候，总结出了古今的愿力：女人爱自己。无论是民国时期的张爱玲还是21世纪的你，都要爱自己，呵护自己，娇宠自己。从这个愿力，我们提炼出了古今内衣的全新定位"LOVE YOURSELF"，并且将代表LOVE的爱心直接放到品牌的Logo上，获得了品牌和市场的认可，全国门店经过品牌焕新升级后，吸引了年轻人重回门店，销量更是大幅增长。

合作三生三世系列剧之《三生三世十里桃花》时，我们把握到，这个项目的愿力是旷世爱情，这份情意之深，甚至可以跨越三生三世。从这样鲜明的角度，我们给出了"极美仙恋，挚爱情深"的定位。而到了《宸汐缘》这个项目，愿力不变，依然是旷世爱情，为了升维突破，我们做了极美仙恋2.0升级版的定位：爱与承诺，而不再在情欲和爱欲上做过多渲染。所以全剧一直在传达这样的信念：比爱恋更高级的情感，是对爱人的承诺与践行，slogan（标语、口号）也依此升级为"一诺苍生、挚爱情深"。该剧讲述了九宸和灵汐历经种种磨难，辗转几重悲欢，依然坚定守护苍生、执着痴候所爱的故事。《宸汐缘》打破仙恋剧豆瓣评分纪录，达到8分以上。

所以，当你在明确定位之前，就应该找到属于你的愿力，

图 3-3 《宸汐缘》的定位：爱与承诺

这样你的营销战略才会变得更有竞争优势，而且更具转化力。

03 从人类母体价值观出发，找到愿力

那怎样才能为自己的品牌找到一个靠谱的愿力？

要从母体价值观出发。

"新年过节不收礼，收礼只收脑白金"，这可能是中国最广为人知的一句广告词之一，怎么做到的？因为过节收礼，本就是我们的传统习俗、千百年流传下来的文化，传达的母体价值观是"友善、祝福、情谊"。建立在这个根基之上，这句广告语大获成功也是必然，因为合情合理，而且顺口好记。

阿里巴巴在初创之时，就提出了企业使命"让天下没有难做的生意"，其中就有一种"胸怀天下"观念的折射。1999 年，创业公司阿里巴巴还是一个纯粹的为中小企业服务的电子商

务网站，但和一般的创业者不同，马云那时就把眼光投向了全世界。一直到 2016 年的 B20 峰会（Business20，二十国集团工商峰会）上，马云提出 eWTP（电子世界贸易平台）倡议，其核心思想还是把全世界的商人联合起来，让天下没有难做的生意。

2018 年阿里巴巴股东大会前夕，马云最后一次以阿里巴巴集团董事局主席身份给阿里巴巴的股东们写信，他在公开信中表示，在今天的经济形势下，中小企业将面临极大的挑战，而生意难做之时，正是阿里巴巴兑现"让天下没有难做的生意"的使命之时。可以说，这份企业精神和担当，构成了阿里巴巴兴旺发达至今的础石。

再来看看其他全球知名企业的价值观／使命／愿景——

沃尔玛：尊重个人、服务客户、追求卓越

达美航空公司：亲如一家

通用电气：使世界更光明

索尼：为包括我们的股东、顾客、员工，乃至商业伙伴在内的所有人提供创造和实现他们美好梦想的机会

摩托罗拉：保持高尚的操守，对人永远地尊重

华为：构建万物互联的智能世界

腾讯：用户为本，科技向善

可以看出，无论是国外还是国内的企业，它们所追求的都是正向而美好的未来，其中有非常多的共通性，甚至将其中两家企业的愿景互换，可能也看不出太大的文化差异，这就是因为它们的内核都藏在人类的母体价值观之中。

其实找准母体价值观，提取愿力，某种意义上就是一种借势。这个"势"可以是一种亚文化，一种影响力强大的文化源流，一个独特的文化符号……它是人类共同的价值观和情感，是象征生命的正义、仁爱、成长、健康等积极元素的体现。拥有了基于母体价值观提取出的愿力，才能正确做好定位，然后使用认知锥做认知，收到事半功倍的效果。

那么，到底怎么做，才能正确打造出品牌的认知锥？接下来，一起来看"三步法则"。

04 以三步法则打造认知锥

"三锥合一形成认知锥"是我在多年实战中概括出来的方法论，实现它的方式就是"三步法则"——定位词汇化、词汇符号化和符号体验化。

从统一老坛系列到德芙巧克力，从 Bose 耳机到《宸汐缘》《极限挑战》……我曾亲自护盘、深度参与的项目，不管是传统品牌还是互联网品牌，多少都能找到它的身影。

建立在感官重叠上的"三锥合一",系统间要素的关系基本可以归纳如下:

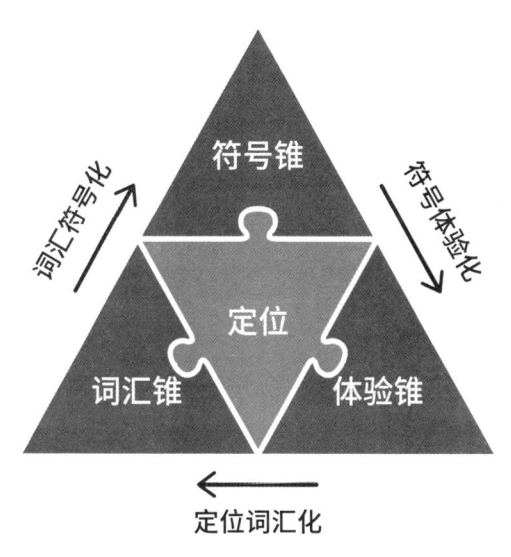

图 3-4 打造"认知锥"的三步法则

首先,研究"定位"也就是价值系统的问题。找到定位后,浓缩成词汇——包括品牌名称、品牌广告语和品牌故事等语言系统的品牌认知资产。接下来,将形成的词汇借助符号完成具象表达,包括 Logo、品牌色和代言人肖像等。最后,集中汇入体验系统,因为符号的最终目的就是吸引用户进行体验,实现符号的消费化,持续转化出经济收益。无论媒体和流量如何迭代更新,三步法则始终是认知的础柱。

风靡全国的统一老坛酸菜方便面,是我和老搭档钱方女士在 2000 年开始一起为成都统一企业食品有限公司亲自操刀的,是这款爆品从 0 到 1 的亲历者。我们借助认知锥,将它的品牌资产从 1 亿提升到 40 亿的水准。

21 世纪初的头两年,统一的最大问题就是对手康师傅的红烧牛肉面已经称霸方便面行业多年,自己却长期缺少足够分量分庭抗礼的大单品。那时候,方便面行业的品类不多,口味基本都较为清淡适中。我们做过一组针对口味的市场调查,中国方便面行业最畅销的两大口味:红烧牛肉面和海鲜面。在我们眼里,这反而成为杀出重围的机会。

当时,我和钱方组成的团队服务于统一旗下的子品牌"巧面馆",这个子品牌主要定位诉求为地方特色风味。大家都知道,四川人爱吃辣,于是成都统一考虑由此切入新机会,从用户喜好重口味的大趋势出发,做一款差异于红烧牛肉的"四川重口味"的方便面。最终提炼出超级定位词落在"地道川味"四个字上——就是这四个字千金难买,从此统一弯道超车。

我们从四川人民喜爱的地方口味切入,规划了三款产品:香菇炖鸡面、老坛泡椒牛肉面、老坛酸菜牛肉面,后两款老坛系列是统一开创的全新品类,秘诀就在其特有的老坛酸菜、泡椒风味包,这是行业首创的"湿态风味包"。现在大家看着觉得不稀奇了,在十几年前却开了行业先河。除了市场部,我们还需要跑车间和研发部,深度参与了全新口味从开发到量产上市的全过程。在产品上市后，我们通过广告创造了一个挑剔的美食家被老坛系列方便面征服的故事——刘仪伟的美食家形象和老坛道具、超长筷子，形成了三大视觉记忆符号，那句"硬是要得"则成为经典的语言符号，风靡了西南三省。

作为营销服务团队，我们和当时成都统一负责人刘新华一起作战。刘新华是帅才，他力排众议将一个只是在区域销售的老坛酸菜牛肉面迅速推向全国市场，并在媒体预算上投入重金，足见其过人的能力和敏锐的眼光，刘新华也因此战役后担任统一企业（中国）投资有限公司（统一中投）总经理。

2006年，这款超级大单品被引入武汉，让武汉统一保持了30%以上的增速，2008年更被列为全国性产品力推。2010年统一老坛销售额突破15亿元，2012年销售额突破50亿元。根据尼尔森的统计数据，2018年上半年，统一老坛酸菜牛肉面依然占据该品类54%以上的份额，牢牢保持着该品类市场第一的位置。后来统一老总内部总结会上复盘：老坛卖得好得力于产品力好、定位好、渠道铺得好，还有认知传播做得好。

下图是操刀老坛酸菜牛肉面时基于三步法则的秘诀路径，从定位出发，通过定位词汇化、词汇符号化，再经由最后的体验消费化最终成功提高品牌认知和流量转化。

直到现在，我们还能在社交平台上发现用户评价的痕迹，"我本人2002年在成都读大学，2003年第一次吃到老坛酸菜

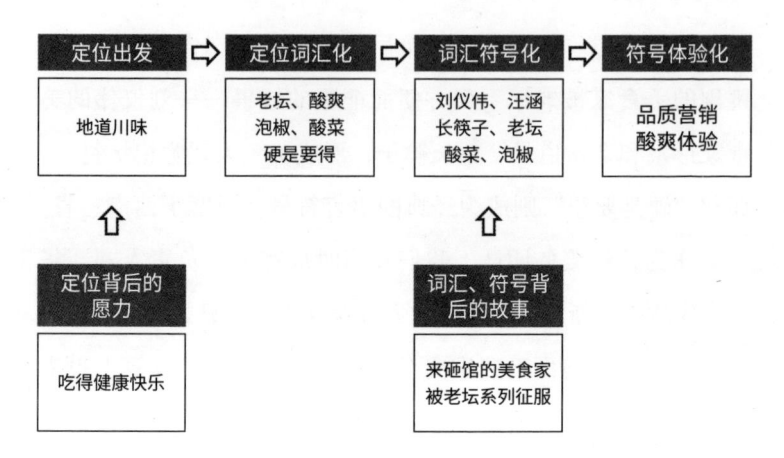

```
定位出发  →  定位词汇化  →  词汇符号化  →  符号体验化
地道川味     老坛、酸爽     刘仪伟、汪涵    品质营销
            泡椒、酸菜     长筷子、老坛    酸爽体验
            硬是要得       酸菜、泡椒

   ↑                          ↑
定位背后的                  词汇、符号背
 愿力                        后的故事
吃得健康快乐                来砸馆的美食家
                           被老坛系列征服
```

图 3-5 老坛酸菜牛肉面基于三步法则的秘诀路径

简直惊为天人，竟然有这么过瘾的方便面。毫不夸张地说，在夜幕之下的大学宿舍，飘出最浓郁的就是老坛酸菜的香味，所有学生都是 5 包 5 包地买，口味好，天天吃也不腻"。时隔十几年依然让人难以忘怀的，是青春年少的时光，也是老坛系列的魔力。

无论是做产品还是做 IP 影视剧，切忌一上来就开空头支票，要尽可能地去找准自己的定位，把握目标人群，研发出自己的核心大单品。我们在做统一老坛系列时，产品评测阶段是花了大力气的，方便面如同手机等科技产品，都有一个完整的产品研发周期，消费者盲测 90 分以下的都是不能上桌的。因此，建议当产品的视、听、体的体验在圈层内部先形成坚固的高分口碑，再考虑出圈也不迟。

在这一章中，我们解决了品牌认知最基础的问题：如何找到品牌愿力，并将定位建立在品牌愿力之上？同时，我们还初步了解了认知锥的构建途径——三步法则，即定位词汇化、词汇符号化和符号体验化。在接下来的章节中，我将围绕着三步法则展开分别阐述，更深入地解读认知锥对品牌的作用方式和成效。

第四章

法则一：打造"词汇锥"，实现定位词汇化

01 不可或缺的"三板斧"

前文我已经提出,企业一定要在用户认知里能够占据或代表一个词汇,才能突出重围。为什么?因为除了单一的汉字,词汇应该是汉语世界中最简短的概念。正因为如此,我把锻造"词汇锥"的过程称为"定位词汇化",品牌要做的就是将已经找准的定位,凝练和浓缩成"词汇"。

而打造词汇锥的三板斧,或者说实现定位词汇化最主要的三种方式,就是为品牌产出优秀的故事、品牌名和广告语。从这三个层面下功夫,能让品牌借助词汇变得立体、生动,在消费者心中迅速展现清晰轮廓。优秀的词汇锥,能直接助力企业发展。

给品牌起一个优秀的名称,即使被呈现的时间只有短短几秒,也能让人迅速联想到产品和故事,而将企业的定位直接输出成故事,就是赢得品牌战的最好方式。广告语的重要性同样不言而喻,如果说品牌名称和故事是铸造词汇锥的"石料",那么广告语就是锻造词汇锥的"炉火",担任着抢占行业制高点、攻破用户心智防线的第一要任。

30多年前海尔张瑞敏砸冰箱的故事,让人们对海尔建立了品质过硬的认知定位。

2016年，72岁的任正非独自在机场排队等出租车被拍，有了任正非的打车故事，还需要赘述华为艰苦创业的价值理念吗？

2020年，老乡鸡的"乡村发布会"火了，网民评论说"土"得像他们家的招牌鸡汤，只斥资200元的发布会，用最"粗糙"的视觉冲击建立起"土"的词汇锥，引爆各大视频平台，当天获得过百万点赞。

所以企业输出价值理念与品牌定位，一定要想办法通过词汇锥凝结出"词汇"！太书面的材料没有用，能派上用场的必定是可以口语传播的词汇，因为人们不会帮你免费传播，他们只会在传递信息的时候顺带捎上品牌。只有播，没有传，没有二次传播，就不是好故事。

许多企业的官方网站都会有一个栏目叫"品牌故事"或"品牌历程"，可那没有用，因为站在企业认知角度讲述的品牌故事，只能称之为企业介绍。品牌使用"词汇锥"实现定位词汇化，要提炼出优秀的品牌名、故事和广告语，重点就是要立足于用户视角。我们要做的词汇锥，要提炼出的品牌名、故事和广告语，必须是从用户认知角度出发的。

02 品牌战就是故事战——把定位转化成故事说给消费者听最有效

"一个好故事顶得上千军万马的投入。"这是20多年来，我亲历了上百场品牌营销战役后积累的一个见解。自古商战有阴谋也有阳谋。而"故事战"是品牌战的"阳谋"，以小博大，以情动人。扎根于母体价值观，以定位为差异点，以用户传播为媒介，一切都水到渠成。

"国酒之争"中的贵州茅台和五粮液，贵州茅台业绩后来居上。除了战略、产品线、渠道布局等因素以外，我认为，五粮液相比贵州茅台缺少一个好故事。贵州茅台是最会讲故事的酒品牌，没有之一，它至少有两个故事广为流传——1915年夺得巴拿马金奖，以及到赤水河畔的红军用贵州茅台疗伤治病，也是贵州茅台时至今日盘踞中国白酒"头把交椅"的重要因素。反观五粮液的故事发力上，并未进入消费者的认知，几乎没有能脱口而出的桥段。

恒大冰泉与农夫山泉的品牌之战堪称经典，史称"恒农之战"。2013年，恒大进入国内饮用水版图，豪气冲天迅速垄断长白山优质矿泉，既断绝矿泉水行业老大农夫山泉的后路，又可发动"矿泉水进攻"打压盘踞低端的娃哈哈、康师傅、怡宝等；年底携夺得亚冠的威名推出恒大冰泉，狂砸13亿元展开广告大战，以地下水剑指农夫山泉的地表水。

"不是所有大自然的水都是好水，恒大冰泉，世界三大好水，我们搬运的不是地表水，是3000万年长白山原始森林深层火山矿泉。"以这样的定位与农夫山泉的"我们不生产水，我们只做大自然的搬运工"短兵相接，接连推出成龙、范冰冰、马尔切洛·里皮（Marcello Lippi）的代言，恒大冰泉更是希望以名人战坐上行业老大。农夫山泉随后反击推出了一个颇具故事性的中长篇广告：全身辎重的农夫山泉勘探员，踏遍千山万水为农夫山泉寻找优质水源地。随着画面四季的变化，观众感受到农夫山泉在长白山地区十几年的坚持与专业。

2015年3月30日，恒大集团披露了前一年的财报，恒大冰泉只实现了10.9亿元的销售额，净亏损23.7亿元。恒大成功俘获了3000家渠道商的心，却没有打动终端消费者。相较于"名人闪电战"，消费者更相信农夫山泉的"故事战"。

注意，打动你的用户，而不是打扰他们。有好定位、好故事，再新的品牌都能砥砺前行；有资金无故事，再"豪"的投入也会事倍功半。

恒大如果能转化思维，告别直截了当的自夸和无情绪的企业陈述，而投资一个能打动人的故事进行叙述——比如像百岁山矿泉水的水中贵族故事：讲述斯德哥尔摩街头上，52岁穷困潦倒的数学家笛卡儿邂逅了18岁的高贵公主克里斯蒂娜，对数学有着浓厚兴趣的公主深深地被他的才华折服的凄美爱情故事——按照13亿元规模的广告投入，恒大冰泉的成功可能性会更高。

传统权威媒体式的征服型时代已经过去了,简单粗放的轰炸式广告传播,从根本上背离恒大希望建立的高端、令人仰望的初衷。而闪电战式的自卖自夸只能给消费者越来越强的强制压迫感,今天种草、圈层的传播方式应该是先培育种子人群做口碑传播,没有口碑传播的高举高打在今天绝对是赤裸裸的烧钱。

如果你真的很想在电影或电视剧中投放广告,那就首选故事型广告。生硬地插入广告,哪怕仅仅是15秒,对观众来说也是一种打扰,但在故事中插入另一个故事则不同。我们要做的,就是把找到的定位变成故事。再次注意,打动你的用户,而不是打扰他们。

故事拯救品牌,故事提升购买欲

对品牌来说,故事到底有多重要?或者说,到底能发挥多大的作用?"锦上添花"只是基本操作,甚至有些品牌本就"依赖"故事而存在,无故事,不品牌。

一本两百多页的笔记本,大大方方地卖到300元左右价位(甚至更高),还能吸引大量拥趸热烈追捧及分享——在中国市场上,也许只有Moleskine做得到。2014年Moleskine纸质产品的年销售额超过了9000万欧元,最近几年的销售额都超过 1 亿欧元。其高层透露，Moleskine 的成功源于品牌在人性化方面所做出的努力，而要做到人性化，就要通过自己的产品讲好每一则品牌故事。

Moleskine 最值钱的大概就是它封套上印着的那句话"这是属于海明威、毕加索和查特文的传奇"。每一本 Moleskine 的包装中都会夹带一张长长的单页，上面用多种语言叙述了品牌的历史源流，包括历史超过一个世纪、从梵高到海明威以及其他作家都热爱用 Moleskine 记录灵感云云。由此 Moleskine 树立起了明确的定位：20 世纪欧洲艺术家和知识分子使用的笔记本。

Moleskine 最初其实不是一个品牌，而是由法国家庭手工作坊制作的一款笔记本品类的名字，起源于 200 多年前，就像"微博"最早并不特指"新浪微博"一样。19 世纪末 20 世纪初，大批作家、艺术家云集巴黎，Moleskine 也在他们之中流行开来。梵高先后用完了 7 本 Moleskine 笔记本，内页都是他的手绘草图，偶尔还能发现完成度很高的作品，包括著名画作《十六朵向日葵》(Vase with Sixteen Sunflowers)、《十二朵向日葵》(Vase with Twelve Sunflowers)。海明威及马蒂斯同样乐于使用 Moleskine 记录、绘画，前者的成名作《太阳照常升起》，手稿就是在 Moleskine 笔记本上写完的。这一阶段，Moleskine 仍然只在小众圈子中流行，离走向大众还有很远的距离。雪上加霜的是，法国生产这种本子的工厂也倒闭了，这段传奇往事几乎就要被尘封在旧纸堆中。

机缘巧合，Moleskine 这个名字被英国作家布鲁斯·查特文记录在了他 1987 年出版的游记《歌之版图》中，并对其便携耐用的特性加以描述。又过了八年，意大利米兰的一位商人读到了这本书，并向 Modo & Modo 文具公司建议以 Moleskine 为名生产。封印就此解除，光环加身的 Moleskine 成为笔记本中的奢侈品，但与真正的天价奢侈品相比又更容易让人接受。

对全世界的文艺青年来说，这几乎是一块闪闪发光的金字招牌，他们对这样的故事深信不疑：正是这些被临时记在随身本册上的插图和文字，帮助大师们创作出了举世闻名的画作和文学作品。对他们而言，这不仅是一本可以随身携带、书写流畅的笔记本，更承载了大师们的灵感与人生，这样有内涵有底蕴的产品，只需要花两三百元就能拥有，何乐而不为？

视线转到国内，近年营销界最大的一匹黑马应该非"小罐茶"莫属。2016 年小罐茶正式上市，公司投放了一支三分钟长的茶叶广告，"牵手八位非物质文化遗产传承人"，包括武夷岩茶（大红袍）制作技艺传承人、安溪乌龙茶制作技艺传承人、福州茉莉花茶窨制技艺传承人等，这就是小罐茶的故事，每一种茶后面都是一段历史，每一位传承者背后都有一段传奇。整个品牌也由此树立了起来，"大师级工艺的好茶"

背书强化了大众对小罐茶的认知，认可了品牌和产品的价值。

八位非遗制茶大师出镜，配上"小罐茶，大师作"的广告语引发大量关注。2018年12月，问世不满两年的小罐茶零售额突破10亿。从质疑、思考再到研究，可以说，小罐茶彻底颠覆了传统茶行业的认知，走出了一条自己的发展道路。

小罐茶自身的客群定位偏"高端"，这是由其较高的定价决定的。购买茶叶的人，不论自己喝还是送礼，都比较讲究格调和品位，但大部分喝茶的人未必懂得品茶。小罐茶明码标价，正好给喝茶、送茶的人制定了全国统一的价格标准，毕竟在大众的传统认知中，还是"一分钱一分货"。

海明威等文艺巨匠记录灵感用的笔记本、制茶大师把关背书的茶叶……一旦戴上"故事"光环，加上这些前缀，笔记本仍然是笔记本，茶叶也依然是茶叶，但早已不仅仅于此，与其说在贩卖产品，不如说在贩卖一种情怀和向往。故事之于品牌，就是能有这样的力量。

03 如何打造品牌故事？

首先明确，拥有品牌故事的企业，基本属于以下三种：第一种，企业先天就自带故事；第二种，企业自己没有故事，但是找到了一个先天的故事产生关联；第三种，后天自造内容，引爆口碑。

接下来，我将分类阐述具体的故事制造思路。

思路一：品牌自带故事

1. 从不走寻常路的传奇人物入手

如果你问围坐在火堆前的孩子们，最爱听什么故事，多数人会告诉你是冒险故事。这类故事总是能激起我们丰富的联想和对未知世界的向往。所有经典故事里必须有个冒险英雄，比如希腊神话里取金羊毛的英雄伊阿宋。移动互联网时代又是个英雄辈出的年代，如乔布斯、马斯克，他们都极具冒险精神。相反，创始人的经历太正常的话，会显得乏味，不能称之为英雄，也构不成好故事的要素。

而国内最具坎坷色彩的故事是褚时健和他的褚橙。2002年，74岁的褚时健获批保外就医，回到家中居住养病，开始与妻子在哀牢山上承包上千亩的土地种植橙子。《褚时健传》收录的《种橙十年》一文中，褚时健自述"其实种橙我也是从头开始学起，样样都要自己翻书看"。磋磨七年，几经历练，2009年果园总产量达到4000吨，公司盈利突破千万元大关，股东们第一次拿到了分红。耄耋之年的褚时健，迎来了人生的第二次创业成功。2012年，本来生活找到褚时健表达了合作意向，希望能在电商平台上销售褚橙。同年，"褚橙进京"项目启动,那句褚橙的宣传语一时间广为流传:"人生总有起落,精神终可传承(橙)。"同时,更有王石等一众企业家帮忙宣传。

人们喜欢一边品尝美味的橙子,一边聊聊这位传奇创始人曾经的风云岁月。今天,褚时健的经历已经被更多人当作励志故事来讲述,人们学习他的创业精神,也学习他的坚持和努力,褚橙已经变成了"励志橙"。移动互联网时代,除了流量明星,具有冒险精神的企业家和创始人也越来越多地成为故事主角,代表人物有马云、罗永浩、董明珠……

苹果公司 Logo 为什么被咬了一口?源自苹果公司创始人乔布斯的偶像、计算机科学之父——图灵的故事。正是为了纪念他,乔布斯才设计了这个图案,并将其作为公司 Logo。图灵是英国著名的数学家和逻辑学家,被称为人工智能之父,是计算机逻辑的奠基者。他在"二战"中协助英军破解了德国的密码系统,为盟军最终取得胜利作出了巨大的贡献,但因为他是一个同性恋者,而在当时的英国,同性恋是违法的,面对大众的舆论压力,图灵咬了一口氰化物泡过的苹果(氰化物是剧毒),结束了他的生命。这个故事被口口相传到全球各地,也成为苹果公司的文化图腾。

传奇人物在人们的心中永远鲜活生动,附着在他们身上的"传奇"也将被世代传颂。这就是选择传奇人物的理由,只要他/她的故事一直流传,你的品牌也将走向不朽。

2. 重新包装你的品牌创始人

在国外众多品牌中，肯德基是非常热衷于讲述品牌创始人故事的，只是他们讲述的风格有些"奇葩"。

2015年肯德基邀请《周六夜现场》的喜剧演员达瑞尔·哈蒙德（Darrell Hammond）出镜最新的广告，扮演肯德基创始人山德士上校。后续几年中，肯德基一直围绕创始人推出各种创意。2019年，肯德基邀请1987年初代《机械战警》中主角墨菲的扮演者彼得·威勒（Peter Weller）配音，推出史上最强的"机械战警上校"，引发怀旧热潮。6月，肯德基与奇多（Cheetos）合作推出限定奇多汉堡，并首次让动物扮演上校，由奇多品牌吉祥物——切斯特猎豹进行跨界宣传。

到了9月，正值NFL（美国职业橄榄球大联盟）新赛季，肯德基推出广告 *Rudy II*，没错，依然有山德士上校！这次扮演上校的肖恩·奥斯汀（Sean Astin），曾主演了20世纪90年代美国橄榄球主题经典电影《追梦赤子心》。广告将橄榄球运动的情怀发挥到极致，播出仅两周，YouTube观看量就达100多万次，有观众留言表示"这是NFL历史上最棒的广告"。

品牌创始人是一个非常棒的切入角度，因为他/她具有不可代替性，其他品牌也无法借鉴。一旦将其运营成一个成功的IP，效益将滚滚而来、尽入囊中。

3. 品牌本身自带故事

如果你的品牌故事还能直接关联上品牌名称，这是最理想的情况。说到这里，很多人会想到珠宝品牌蒂芙尼（Tiffany）与经典电影《蒂芙尼的早餐》。片中最经典的镜头，就是赫本饰演的拜金女主角霍莉·格莱特身着小黑裙，站在纽约第五大道的蒂芙尼橱窗前，一边观望店中繁华，一边吃着牛角面包的情景。在她心中，蒂芙尼就是上流社会尊贵生活的缩影，品牌的象征意义已经远远大于珠宝本身。这一场景是如此深入人心，以至于很多人都误认为这部电影有蒂芙尼的投资。

或许是无心之举，但这部电影确实成为蒂芙尼品牌历史上最成功的一次公关。它所呈现出的蒂芙尼品牌价值，包括那句流传甚广的台词"蒂芙尼是世界上最好的地方，那里不会有坏事发生"，已经与赫本惊人的美貌、精湛的演技一道名垂影史，成为蒂芙尼极为重要的品牌资产，直至今日还在以经典魅力吸引更多新锐的年轻消费者。

2017年底，蒂芙尼把《蒂芙尼的早餐》搬进了现实中，在其位于纽约第五大道的全球旗舰店内开了一家名为Blue Box Café的咖啡店。人们终于有机会进到店内优雅地享用早餐和下午茶，而不必像20世纪60年代的赫本那样，站在店外橱窗前匆匆解决一餐。门店整体使用标志性的蒂芙尼蓝作为主题配色，还有全套蒂芙尼家具、系列餐具，以及由大都会艺术博物馆餐厅主厨亲自操刀的美食，所提供的早餐餐点包含茶或咖啡、榛子可颂、蜂蜜奶油和水果等，并提供烟熏鲑鱼贝果、松露蛋、松饼或素食酪梨吐司。如果你运气够好坐在了四楼靠窗的位置，还可以尽情俯瞰第五大道的车水马龙。这家咖啡店从开业起就大排长队，甚至有人不远万里去纽约打卡。

2018年，蒂芙尼在春季主题营销活动"Believe In Dreams"中又推出了一支致敬《蒂芙尼的早餐》的广告片。女演员艾丽·范宁（Elle Fanning）端着咖啡站在蒂芙尼的玻璃橱窗前，复刻了当年赫本演绎的经典场景，但短片的背景音乐却从传统版本的《月亮河》切换到当代的混音蹦迪版本，可谓"画风突变"。虽然时代不同、风格迥异，但蒂芙尼依然延续着品牌"幸福"和"梦想"的情怀，仍然被塑造成一个没有忧愁、带来更多色彩和快乐的品牌。

凭借一部《中国合伙人》，新东方的故事让中国网民更加津津乐道。此片根据新东方的创业故事改编，俞敏洪、徐小平、王强三人为原型，讲述那个年代年轻人艰苦奋斗的创业史。三个英语老师的青春励志奋斗的曲折经历就这么真实地展示人前。俞敏洪说新东方没有参与这部电影投资，不是自己的传记，也不是新东方的传记，但只要去过新东方上课的人，一眼就能看出这片子是讲述"新东方"的。其实，是不是企业投的品牌片已经不重要了，重要的是通过这个故事，更多人对新东方产生了信任感和购买动机。

2020年3月8日，MINI从被尘封的品牌历史文档中挖掘出一个特别的故事"104车队传奇"，并在国际妇女节当天通过互动漫画的方式推出。

MINI最初声名大噪，是因其在1964年、1965年、1967年蒙特卡洛拉力赛三次夺冠。而鲜为人知的"104车队传奇"则发生在1962年的郁金香拉力赛中，那才是MINI在国际拉力赛事上的首次夺冠。当时，驾驶BMC Mini Cooper的冠军车队由两名女性——车手帕特·莫斯（Pat Moss）和领航员安·威兹德姆（Ann Wisdom）组成。她们凭借超强的意志力和驾驶能力，克服了自身的障碍，也打破了当时严重的性别歧视，成功挑战7天4000公里赛程的郁金香拉力赛并获得了史诗级的胜利。为了还原故事发生的年代感，所有漫画都以20世纪60年代的艺术风格重新绘制，两位女性在那个遥远年代传达出的关于性别平等的渴求，如今依然适用，也依然打动着今天的消费者。

LVMH集团旗下的高端护肤品牌馥蕾诗，"金字招牌"是古源修护精华乳霜。这款产品背后就埋藏着一个动人故事：品牌联合创始人列夫·格雷泽曼（Lev Glazman）先生机缘巧合地得到了一本记录世上最古老乳霜的书籍，是由克劳迪亚斯·盖伦（Claudius Galenus）在公元2世纪撰写的。

盖伦是古罗马皇帝马可·奥勒留·卡鲁斯（Marcus

Aurelius Carus）的御用医师，也是当时最著名、最有影响的医学大师，被认为是仅次于"西方医学之父"希波克拉底的医学权威。那一时期，帝国贵族在闲暇之余，非常流行在斗兽场观看暴戾血腥的角斗士比赛，上场的角斗士要与野兽搏斗到一方死亡为止，也有人与人之间的搏斗。皇帝奥勒留怀着悲悯之心，委任盖伦专门照料那些受伤的角斗士，后者为此研发制造了一系列独特有效的疗愈方法，其中就包括这款古老的乳霜。

馥蕾诗保存了古老乳霜的配方，并以现代科技对配方进行改良。为了还原千年以前的人工调制工序，品牌方花了一年多的时间，终于在捷克首都布拉格的郊外找到最适合手制古源乳霜的修道院，浸润在圣洁且祥和的氛围中，每罐乳霜似乎都"自戴光环"，变得格外纯净和充满疗愈能力，"古源修护精华乳霜"的名字亦由此而来。

翻一下你的创业历史文档和照片，有心人能找到不一样的灵光，在黑夜中摸索到与消费者连接的故事开关。

思路二：找到品牌可关联的故事

天生自带故事的品牌，在市场上只占极少数。找到品牌可关联的故事，打造一个超级 IP 也是行之有效的办法，只要借力得当，就能取得 1+1>2 的惊喜效果。不妨试着从以下几个角度展开思考。

1. 独立开发可 IP 化的故事

移动互联时代兴起了 IP 大战：从天猫与京东的 IP 猫狗大战，到国美与苏宁的 IP 虎狮大战……其实中国最早的超级 IP 战是从康师傅和统一开始的。双方参战的是康师傅自有 IP 小虎队和统一自有 IP 小浣熊、小当家。我亦有幸投身这场超级 IP 大战其中，而且小当家还是由我和钟昊先生原创的名字和造型，我们也被称为"小当家之父"。当时的情况是上海奥美和统一合作，服务小浣熊和小当家的团队人员中有黎音、段宇宏、马薇薇、黄臻、李海生、李征、钟昊等，都是奥美集团在中国培养的第一批人员，也都是行业资深人士。

20 世纪 90 年代，日本青少年群体中开始流行一种新品类方便面，直接把调味粉撒在袋子里，再把面饼捏碎摇晃几下就吃，就地取材，不需要热水，比"方便面"还要方便。两大方便面巨头康师傅和统一进驻中国内地市场，它们都注意到了这股潮流，纷纷推出专门用来干吃的方便面，"干脆面"这个品类由此在中国开创。当时，中国的青少年人口大约有 2 亿，面对如此庞大的市场，康师傅和统一自然摩拳擦掌、火力全开，投入大量人力、物力，直接掀起了一场"干脆面战役"。

战火刚燃起时，两家的干脆面都没有开辟单独的子品牌，直接冠以"康师傅"和"统一"的名字。但这毕竟是一款明确指向青少年群体的细分产品，需要加入更多年轻人喜爱的元素引起他们的关注，于是康师傅将自己的干脆面起名为"小虎队"，直接用了当时流行团体的名字，推出了"机灵虎""旋风虎""宝贝虎"三个角色及各种小礼品。

统一则以"小浣熊"命名，并设计了卡通形象和聪明机灵的人设——小浣熊遇到危险，吃了一口干脆面以后，总能化解危机，小浣熊的那一句"要干脆，别犹豫"，圈粉了无数红领巾——套用现在说法，这可谓是最早的超级IP打法。2亿青少年市场接纳了全新的IP打法。

之后，统一又推出了全新IP"小当家"，向三四级市场布局，定价下探至0.5元，更符合三四线乃至小镇青少年的购买力。小当家最初是没有预算来打广告的，那它的IP故事如何传播呢？我们最创新的地方是把包装当作媒体，每个批次包装上的小故事都不一样，有"斗牛""孵鸡蛋"等各种趣味故事，配合产品本身的香葱、鸡汁、牛肉等不同口味，一经推出就广受好评。尤其不同的是，这款爆品食用体验更简单，无须撒粉，调料就涂在面饼里。真正做到了开袋即食，引发热烈追捧，更为后来的决定性胜利打下基础。

哪个IP能赢得更广泛的小镇青少年，谁就能在激烈的竞争中胜出。我曾经在川西人迹罕至的小镇里捡到皱皱的小当家空包装，为此很自豪。小当家的推出成为统一向康师傅挥出的一记重拳，于是双方开始追加投资，在各大电视台狂轰滥炸地对各自的IP投入广告资源。可以说，两大IP几乎处处短兵相接，打得难解难分，波澜壮阔。当然，双方的商业回报也是丰厚的，几乎将市场瓜分，使得其他竞品完全无法切入干脆面品类。

企业自创 IP 化故事的优点是，可以把所有资源聚焦一个点上，每一次媒介上的露出都是累积投资，也是企业的重要资产。品牌和产品是生硬的，而 IP 是自带人设和故事的。相对于单一的品牌，IP 形象更让人走心和放下戒备。人们更愿意坐下来倾听一个故事而非滔滔不绝的推销。

IP 是品牌的高级阶段，最适用于全新品牌或者品牌升级阶段。初创企业，如果想用 IP 思维打造品牌，那么一开始就必须想清楚，是走天猫型还是京东型。注意：符号与认知不统一的京东 IP 的用户教育成本会远远高于天猫 IP。

天猫型：IP 的符号和企业命名的视听统一。一个猫头 + 名叫天猫，符合认知锥法则。小浣熊、三只松鼠、江小白、熊本熊都属于天猫型，符号和企业命名的高度统一。

京东型：IP 的符号和企业命名并没有统一，企业名叫京东，IP 形象却是只小狗，又叫 JOY，这样的不统一极容易导致认知错位混乱、记不住。

近年来，很多有着网红基因的新晋品牌都试图打造 IP，出现了如三只松鼠和江小白、张君雅小妹妹等成功案例。另一方面，我们也看到，很多成功的 IP 没有故事体系，比如大黄鸭、熊本熊，它们依靠符号和出格的人设成功出圈。但是时间证明没有故事的 IP 会走不远，没有故事的 IP 会变成流行趋势的匆匆过客。所以越来越多的企业，比如三只松鼠、布朗熊、京东等都开始做故事集，只是天猫玩得更加极致，也更深入人心。

2. 借势文化 IP

进入 2000 年后，可口可乐的年销量连续下滑，而竞争对手百事可乐的年轻化战略为其带来了高速增长。2006 年美国发生了震惊世界的"可口可乐秘方失窃案"，将可口可乐公司锁在保险柜里的神秘配方故事又一次推向镁光灯下。当时恰逢小说《达·芬奇密码》风靡全球，书中的圣杯故事与可口可乐这一事件莫名吻合，帮助可口可乐又一次吸粉成功。

由我亲自操刀的统一干脆面案例，同样是一次优秀的 IP 借势文化战役。持续多年的小虎队和小浣熊的商战进入白热化阶段，康师傅小虎队推出世界杯球星卡将干脆面带入"世纪争霸"战局。作为反击，统一做对了一件大事，为小浣熊干脆面的逆袭起到了决定性的作用。那就是借势四大名著故事，成功推出了著名的"水浒卡"。

这并不是市场上第一次出现集卡玩法，但绝对是史上最成功的一次。我们先邀请奥美的画手李海生先生和其他高手共同绘出了水浒系列的人物形象，包括 108 将与 6 大恶人，然后印成 114 张精美彩色卡片，按时间顺序分十几批发布，大卡附赠在小浣熊里,小卡附赠在小当家里。作为四大名著之一的《水浒传》,本就有着广泛的民间基础和庞大的受众,更赶上了一阵"东风"——1998年1月8日,《水浒传》在CCTV-1首播,引发了万人空巷的收视热潮,刘欢的"风风火火闯九州"更是回荡神州。

水浒卡的推出,直接引爆了市场,使得小浣熊干脆面的销量瞬时遥遥领先于小虎队。现在回忆起来,从80后到90后,几乎人人都有一段集卡的故事。总之,水浒卡的出现,一定是这场干脆面之战中最浓墨重彩的一笔。在席卷全国的集卡狂潮中,小浣熊和小当家的销量一路攀升,销售纪录不断被打破,并成为干脆面品类代名词。后来,统一拿小浣熊和小当家赚的钱,直接盖了一栋新的办公大厦。

面对统一的来势汹汹,康师傅自然坐不住了。为对抗水浒卡,小虎队向香港漫画家黄玉郎买下《天龙八部》漫画版权,同样推出了系列卡。然而,《天龙八部》虽然经典,但群众基础不及《水浒传》那样家喻户晓、深入人心,且不具备"108将"这样系统的角色体系,难以激发人们的收集欲望。最重要的是,已经有"水浒卡"珠玉在前,再想引发巨大轰动变得难上加难。到了2002年,仍未找到翻身契机的小虎队干脆面彻底退出了历史舞台,康师傅从此专研水煮面。

关于如何具体打造IP,这里不做过多阐述。总之,从"小浣熊干脆面"这个国内最成功的IP案例中,可以提炼出一个打造品牌故事的模型：从内容熟悉度、人设清晰度、影响广度、粉丝流量四个维度全面考察，在人类整体的文化领域中"淘金"借势，比如选择古代典籍、重要历史事件等进行故事改编，自带流量，满满是"梗"。

思路三：品牌自造故事

我遇到的企业80%先天没有故事，可能因为种种原因也不适合借势，这就需要品牌内生力量出场，打造专属的品牌故事。

还记得那句经典广告语"你也要洗半个世纪"吗？这就是从用户角度讲述企业历史的经典之作。A.O.史密斯公司1874年在美国成立，至今已有一百四十多年历史。凭借出色的研发能力、产品质量和消费者口碑，A.O.史密斯迅速成长为在华外资公司中的典范，市场占有率也长期占据前三甲之列。其最让人印象深刻的广告作品，就是那支展现一个美国家庭变迁的广告片。伴随画面的徐徐展开，一段旁白响起："伴随我家的A.O.史密斯热水器，是父亲在50多年前买的，过了半个多世纪，还在用它洗。你也要洗半个世纪？A.O.史密斯热水器，美国热水专家。"

这支广告完全站在热水器使用者的位置，讲述了一台热水器使用50多年的故事，从父辈一直延续到女主角这辈。在横跨半个世纪的漫长岁月中，父亲买下的这台 A.O. 史密斯热水器已经成为家庭生活中难以割舍的一部分，更是他们几十年生活的见证。尤其最后那个反问，又一次给到消费者暗示——"买下这台热水器，你能用上半个世纪，所以购置一台很值得"。

在啤酒行业，对于深受男性消费者喜爱的"励志"与"征服"主题有很多种玩法，通用的套路就是找明星代言，再去悬崖边摆摆 pose（姿势），甚至可能都不用去悬崖，找个棚拍个照就完事，再卖一句类似"敢想敢为"的广告口号。但是雪花啤酒的"勇闯天涯"没有这么做，它动了真格，实实在在地征集志愿者，经过训练、选拔，最后登上一座座高山，把一句浮于纸面的品牌主张，具化为真实的内容和故事，甚至作为新闻被多方报道。真诚地与消费者沟通，消费者也会回以真诚的喜爱。

进入 21 世纪，通过对消费者的洞察，雪花啤酒发现作为消费新生力量的年轻一代正在崛起。这个群体普遍具有积极向上的个性和敢于挑战的特质，而这个特性与提倡"进取、挑战、创新"价值观的雪花啤酒非常契合。2003 年底，雪花啤酒将品牌定位调整为以年轻人为主，并量身定制了一场体验活动：雪花啤酒勇闯天涯。

从 2005 年探索雅鲁藏布大峡谷、2006 年探秘长江源、2007 年远征国境线，到 2008 年极地探索、2009 年挑战乔戈

勇闯天涯

图 4-1 雪花啤酒自造故事：勇闯天涯

里、2010 年共攀长征之巅、2011 年穿越可可西里，活动一直持续到今天，"勇闯天涯"已经由一个活动项目名称嵌入了雪花品牌之中，成为坚忍探索精神的标志。品牌可以专注于一个赛道，数十年打造一个故事。这样的故事即使没有大创意，但会积累信赖度与仪式感。

超高人气剧集《绝命毒师》即将步入尾声时，美国 21 世纪不动产（Century 21）没有选择在剧中投放天价广告，而是顺应大结局的剧情，在全球最大的分类信息网站 Craigslist 上刊登了一则出售主角沃尔特·怀特房子的广告，并附上 21 世纪不动产的销售电话。仍沉浸于怀特去世剧情中的网络用户们，瞬间在这支广告上找到了精神寄托，仿佛剧中的情节延伸到了现实。这支广告不仅给 21 世纪不动产带来了高达 8000 多万次的广告点击，也给《绝命毒师》的粉丝们制造了一次

"突破次元壁"的难忘经历。

要知道,互联网时代,网民们都已久经考验,倘若没有让人眼前一亮的要素,很难吸引他们的注意。戏剧冲突就是打开故事的金钥匙,太正常的故事没人想看,更谈不上传播。精熟把握"冲突和意外感",应该成为每个品牌讲故事的基本功。

思路四:从产品角度入手

如果你读过北京奥美十多年前为长城葡萄酒写的文案,你会感叹语言是如此有生命张力。如果这篇内容首发在今天的小红书上,依然会显得极为出众、毫不过时。能够经得起时间考验的必然是好故事。全篇文案以拟人手法,讲述从葡萄变成葡萄酒的时光旅程。

> 三毫米,瓶壁外面到里面的距离。
> 不是每颗葡萄,
> 都有资格踏上这三毫米的旅程。
> 它必是葡园中的贵族;
> 占据区区几平方公里的沙砾土地;
> 坡地的方位像为它精心计量过,
> 刚好能迎上远道而来的季风。
> 它小时候,没遇到一场霜冻和冷雨;

> 旺盛的青春期，碰上十几年最好的太阳；
> 临近成熟，没有雨水冲淡它酝酿已久的糖分；
> 甚至山雀也从未打它的主意。
> 摘了三十五年葡萄的老工人，
> 耐心地等到糖分和酸度完全平衡的一刻
> 才把它摘下；
> 酒庄里最德高望重的酿酒师，
> 每个环节都要亲手控制，小心翼翼。
> 而现在，一切光环都被隔绝在外。
> 黑暗、潮湿的地窖里，
> 葡萄要完成最后三毫米的推进。
> 天堂并非遥不可及，再走
> 十年而已。

三毫米指的是红酒瓶的厚度，瓶里瓶外对于一颗葡萄而言，是两个不同的世界。通过这样一段文案，将葡萄从生长到采摘再到最后酿造成葡萄酒的过程用故事化的方式展示出来，不仅技巧高超地展现出长城葡萄酒公司对于产品质量的把控，而且从文字本身来说，也像诗歌一样优美，吸引读者自然而然地对品牌产生好感。

在香水行业，从产品出发的故事也有很多。2006年，欧珑的两位创始人西尔维·甘特尔（Sylvie Ganter）与克里斯托夫·塞尔瓦赛尔（Christophe Cervasel）在纽约一见钟情，并于 2009 年在巴黎携手创立了欧珑，开辟精醇古龙这一全新的香水品类。对比动辄几十年、上百年历史的其他奢侈品牌，欧珑的"年龄"实在不够悠久，但幸好，它有高超的讲故事本领。

欧珑为旗下的每一款香水都编织了一个浪漫的故事，"赤霞橘光"描述的是露台享用早餐的情境，"情柚独钟"形容孑然一身奔赴爱恋的痴狂，"无极乌龙"则是远离喧嚣进行创作的文学密语……在或华丽、或清新的文案包装下，每一款香水都化身为故事的讲述者，唤起人们对过往某个瞬间的记忆和情感，且一直在深化这种潜意识。比如下面这段"雪松之恋"香水的官方故事，给人无尽联想空间：

> 他猛然醒来，惶惑四顾，一时搞不清身在何方。一幕幕片段在脑海中闪过。深陷雪场，后有追兵，除了逃跑，别无他法。其实他并没有他们想要的东西，但是却无人相信，一旦停下脚步，他就只能束手就擒。精疲力竭的他最终倒了下来。待得悠悠醒转，他看见一个倩影飘然而至，她专注地看着他，轻声说道："我可以帮你。"

2018 年，欧珑在北京打造了一出沉浸式戏剧《梦·香》，为消费者提供了嗅觉、视觉、触觉等全方位的多维度感官体验。整场话剧围绕欧珑 5 款精醇古龙香水以及背后灵感故事展开，来宾可以在演员的指引下深入体验故事，仿佛进入了一个属于香水的世界。此时的香水已经不仅是一件单纯的消耗品，更成为精神寄托和回忆之匣。而这种感受就是源于产品的故事。

思路五：从消费者体验切入，内容即是故事

在传统广告时代，品牌只要打造一个故事就够吃一辈子了，比如爱马仕的给贵族打造高级马具与箱包的故事行销了两个世纪。但到移动互联时代，品牌传播灌输单个故事已经不够用了，现在更需要1000个消费者讲述1000个与品牌有关的体验内容。内容营销的方式越来越多元，但最能打动人的永远都是那些与品牌有关的好故事，只有真正能和大众产生共鸣的内容才能获得关注和转化。

你可能听说过众筹买房、众筹治病、众筹咖啡馆、众筹上哈佛……还没听过众筹文案吧？2018年7月，杭州地铁江陵路站，人们一进站就看见一面长达23米的"爱上杭州大都会的150个理由"主题墙；杭州主要枢纽武林广场站的21根圆柱上同样也写着21句给杭州的表白。如此接地气又紧贴城市特点的话题，引得路人纷纷拍照分享至社交网络。

这是我和团队为美国大都会集团（大都会人寿）打造的"招募业务伙伴"营销战役。细心的你会留意到，文案中频繁

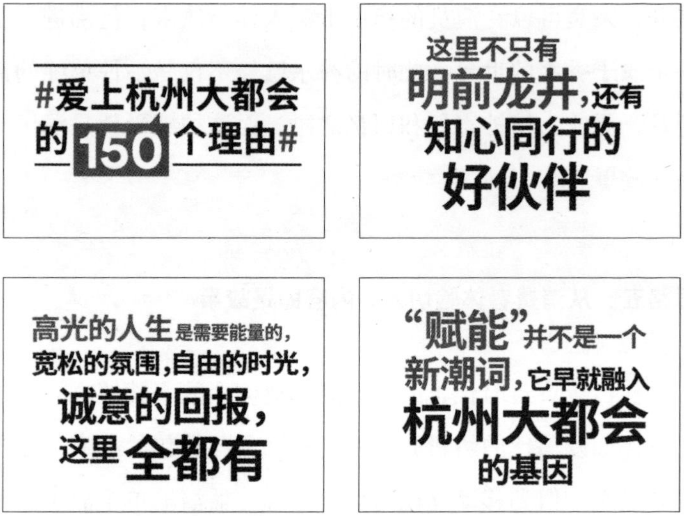

图 4-2 "爱上杭州大都会的 150 个理由"

出现三个字"大都会",既是对杭州的赞美,也意指美国大都会集团。2018 年是美国大都会集团成立 150 周年,也是进驻杭州十周年,品牌方给出的要求是以 100 万的有限预算,引爆杭州全城关注,并圈粉新的伙伴加入。我们厘清关系,追求实现故事和品牌名一致性,最终选择以杭州核心地带的地铁站点为引爆点,点燃全城对"杭州大都会"话题的热议,传递"大都会人寿是你知心同行的伙伴"品牌形象。更重要的是,这场活动也给了新老杭州人一个"发言席",可以尽情诉说内心深处对杭州的爱与感动。

30 天里,这场活动征集到 7000 条金句,以总 100 万的投入，取得了400万人次的地铁广告曝光，超30万的社交媒体曝光。最后，我们从这几千条文案中，精选出最有共鸣的150个理由，作为献给杭州的一份特殊的礼物。

2018年底，快手发布了一支长达2分钟的跨年品牌视频《在快手，看见每一种生活》。相对于现在普遍以15秒为单位的火爆短视频，2分钟确实显得有些长了。在片中，摄影师们跟拍了5位生活环境和方式完全迥异的快手用户，呈现他们的点点滴滴。在视频之外，快手还推出了100张纯文字版的海报，呈现出了100种生活形态，从应急救援队伍到五道口白领，从穿越草原无人区的牧民到造跑车的农村小伙、漂泊在非洲的旅人、仿真机器人研发者……

他们的一切都是如此不同，唯一的相同点或许就是都是快手用户，这些用户个体的故事叠加，最终凝结为快手这个品牌的故事——在这里，你能看见每一种生活。当时快手的这组投放，一夜之间几乎完全覆盖了北京的公交站台，配合岁末年初这个充满希望、展望未来的时间节点，直接引发了强烈反响。因为真实，所以更为动人，也让许多人一改此前对"快手"的种种偏见。

思路六：跨界合作讲故事

每到岁末年初，广告业权威杂志 *AdWeek* 都会发布过往一年的全球年度最佳广告。在 2020 年初的榜单中，以下两支广告让我记忆深刻。

一支是百威联合 HBO 打造的 *Joust*（决斗）。2019 年超级碗期间，百威用这支广告 diss（批评）竞争对手美乐（Miller Lite）和银子弹（Coors Light）啤酒中含有危害人体健康的玉米糖浆，随后画面陡然切换到遥远的中世纪，对用户的争夺被具体化为一场骑士 vs. 魔山（《权力的游戏》经典人物）的决斗。最终，伴随着熟悉的权游配乐《卡斯特梅的雨季》，喷火龙突然出现，以毁灭性的火焰让整个角斗场化为灰烬，紧接着出现了《权力的游戏》最终季即将回归的预告信息。这则广告既是百威啤酒的超级碗宣传片，又给《权力的游戏》最终季打了一波天价广告。

另一支作品来自宜家。平时我们在逛宜家门店时，经常会看到不同风格的家装样板间，这是家居卖场的常用手段，为了给人们塑造出理想中家的感觉，激发人们的购物欲望。著名广告公司阳狮西班牙分公司突破了这个常规，开展了一场名为 Real Life Series（真实生活系列）的营销活动，耗时两个月，从宜家的库房中挑选出数百件最符合原场景的家居产品，利用 3D 建模完美复刻出《辛普森一家》《老友记》和《怪奇物语》中的客厅，让在门店闲逛的你直接走入电视剧场景。这一波体验式营销，使相关商品的浏览量增加了 50%。

百威与宜家，两个品牌来自完全不同行业，调性也不同，但这两支作品却不谋而合地都跨界动用了经典IP的力量。本身已经是非常成功、认知度非常高的品牌，为何还要附着上《权力的游戏》《辛普森一家》？因为故事性，尤其是经典IP无可取替的故事性。

以上就是创造好故事的六个思路，基于母体价值观，以定位为差异点，以用户传播为媒介，突破用户的认知防线。试着为你的品牌创造一个好故事吧，把它做到家喻户晓，你就能立于不败之地。

04 好的名字改变企业命运

好的名字一定能够改变企业的命运。好名字是企业做认知的第一步，好名字可以展现定位诉求和故事内容的统一。

像苹果、小米、盒马、虾米、饿了么、金霸王等都是天生好名字，沟通成本低。而腾讯就比阿里巴巴难理解，腾飞的腾、通讯的讯，电话里沟通还真说不清楚。奔驰、宝马在名字上就占尽优势，而凯迪拉克、沃尔沃、雷克萨斯说半天也记不住，所以销量排第二档次总上不去是有道理的。

在我看来，好的名字必须具备以下因素：

首先，发音必须顺口、好念。比如苹果、小米、小红书、天猫、豆瓣、盒马、虾米、滴滴、饿了么、趣多多、拼多多等，尽量避免使用生僻字，徒增理解成本。

其次，整个名字要有品类属性，且是消费者熟悉的含义，自带符号形象和场景，与品类有关的联想最佳。比如老坛酸菜、三只松鼠、闲鱼、淘宝、宜家、顾家、海底捞、花旗银行、下厨房、黄鹤楼等。

最后，有一定文化积淀，也能让消费者快速认知。比如真功夫、香奈儿、白云边、伊利、露华浓；稍懂唐诗的人看到"露华浓"三个字，都会想起李白赞美杨贵妃的诗句：云想衣裳花想容，春风拂槛露华浓。这类的反例就是下文将提到的"蝌蝌啃蜡"，虽然没有生僻字，但一眼看过去难解其意。

在我看来，具象名字往往好于抽象名字，消费者越容易理解、记住，越有利于用户认知的建立。我对好名字的理解是必须可以脑补画面感，无画面无符号感的名字，不符合多重感官重叠的认知锥法则。

进入移动互联网时代，一个具象的好品牌名可以直接秒杀竞品。在一众或有趣、或新奇、或朴实的网络平台名称中，"饿了么"显得分外突出。你很难再找到一个和平台业务结合如此紧密，又如此不显斧凿、自成一派的品牌名称。那么，这三个字又是如何得出的？

2008年，饿了么创始人张旭豪还在上海交通大学读研究生。一天晚上，他正和室友打着游戏聊着天，突然感到饿了，又不想出门外食，于是打电话给餐馆叫外卖，可要么电话打不通，要么店家不愿送。创业计划就从这不起眼的送外卖服务开始了。他们将附近的餐馆信息搜罗齐备，印成一本外送广告小册子在校园里散发。同学们想吃外卖了，只需打电话到他们宿舍，接下订单后，张旭豪等人身体力行，分头去餐馆取餐，再一一送给顾客。这个小平台命名为"饭急送"。

创业后团队希望能注册一个既响亮又让人印象深刻的域名。这时，黑山共和国正式对外开放注册国家域名".me"。团队的成员觉得有趣，就想在这个基础上起一个新奇些的域名。

张旭豪后来回忆说："大家商量了一晚上，看了很多'.me'结尾的域名，中文谐音有饱了么、饿了么……我们就在这里面选出了几个，最后觉得'饿了么'还不错，比以前用的饭急送要强些，觉得年轻人会喜欢有趣活泼一点的域名。"最后，ele.me 被定为网站域名，品牌名称也顺势改为饿了么。对此，上海的各大高校论坛都引起过热议，有不少网友调侃说，"没有一个品牌的名字是这样的"。

饿了么深刻洞悉消费者的点餐行为与场景。在大部分人心中，尤其在家的时候，只要饿了，就会很自然地叫妈。因此他们提炼出了核心创意概念：饿了别叫妈，叫"饿了么"，力图让"饿了么"与"饿了，妈"产生情感上的联系，引发消费者的集体共鸣。这个创意一经提出，就收获了市场赞赏。

饿了么选择了不同白领群体的生活场景，设计了荒诞有趣的故事，并邀请谐星王祖蓝，充分利用他扎实且搞怪的演技，让他一人分饰多角来演绎三支不同的广告片，最终"饿了别叫妈，叫饿了么"广告铺遍各大媒体，一举打响认知战，尽管曾引发争议，但也让消费者将外卖与"饿了么"画上等号，直接宣告了品牌在行业中的领先地位。

1928 年，《泰晤士报》上曾公开悬赏征集一个叫"蝌蚪啃蜡"饮料的中文名。英文原名叫 coca leaves-kola nuts，缩写成大名鼎鼎的 Coca-Cola。Coca leaves 和 kola nuts 来源于配方古柯叶和可乐果，中间用短横杠衔接。但是在中文语境中，"蝌蚪啃蜡"词汇完全看不出到底是个什么产品，而且毫无美感，甚至听起来还有点吓人，在华销量也相当惨淡。这样持续了两三年，负责拓展全球业务的 Coca-Cola 出口公司在《泰晤士报》悬赏征集中文名。一位旅英学者蒋彝想出"可口可乐"四个字应征并最终拿走了奖金。"可口可乐"，简单的四个字，是中文译名里的巅峰之作。

"可口可乐"之所以难得，皆因它不仅保持了英文的音节读法，而且体现了品牌核心概念"美味与快乐"；更重要的是，它简单明了，极易传播。它是 Coca-Cola 全球所有译名中，唯一一个在音译的基础上具有实际含义的名称，由此也成为广告界公认的最佳品牌中文译名。

当然，更深远的意义在于，它直接命名了"可乐"这一饮料品类，就连20世纪Pepsi入华，也不得不被翻译成了"百事可乐"，因为国人早已习惯用"可乐"来称呼这类有甜味、含咖啡因但不含酒精的碳酸饮料。

视线转回国内，当年宗庆后选择"娃哈哈"三个字，其实出自风靡国内的新疆儿童歌曲《娃哈哈》。人们已经对这三个字建立起了认知，乍一看不会陌生，只是现在需要在认知中再加上一重"饮料产品"即可。同时"娃哈哈"三个字，汉语拼音的韵母都是a，这是人们呱呱坠地就能发出的最简单的语音，容易被记忆、被接受。此外，"娃哈哈"听起来就如笑声一般，阳光活泼，让人快乐，与人们对儿童群体的认知高度一致，以此命名儿童产品，自带天然优势。果然，其产品一炮打响，走红全国，完成了初步原始积累。

现在我们再看，这些品牌名字都已经"封神"。这些"神命名"的出现有时代的原因，也有赖于前辈们过人的才华。再看看其他起得不错的品牌名，或许可以归纳出一些规律，并从中寻找能够为我们所用的方法，比如下文即将揭晓的命名思考"四象限"。

05 用"四象限"给品牌起个好名字

苹果、三只松鼠、老坛酸菜等名字为什么成功？有什么方法论吗？能不能复制？给品牌起名可以从哪些维度发散思维？经过二十多年的实战，我结合知名广告人杨舸老师的"四相"创意思考法则，提炼出了命名"四象限"，即相关、相似（拟人和拟物）、相叠、相熟，只为帮助大家打开思路、激发创意，为品牌找到一个好名字。

相关最好理解，直接从产品、品牌所处的行业和领域来切入命名，比如洗发水中的"海飞丝""飘柔"，这也是最被广泛使用的一种命名方法。另外三种的使用，取决于品牌自身需求和典型场景。相似（拟人和拟物），就是将品牌赋予人格，或用更为人熟知的"物品"来命名有些复杂的"产品"，

相关	相似（拟人和拟物）
品类归类联想（良品铺子、周黑鸭、下厨房、宜家、锐步、农夫山泉、大众点评） **积极联想**（携程、奔驰、蔚来、雅诗兰黛、散利痛、开市客） **产地联想**（伊利、茅台、青岛啤酒、莫斯利安、左岸咖啡馆）	**拟人**（老干妈、江小白、康师傅、张君雅小妹妹、小茗同学） **拟物**（凤凰网、酷狗、虾米、虎牌、雕牌、天猫、蚂蚁金服、闲鱼、盒马鲜生）
相叠	**相熟**
重复词（可口可乐、拼多多、滴滴、钉钉、娃哈哈）	**傍熟悉名词**（苹果、土豆、小红书、小米、锤子、豆瓣、外交官、曹操出行、百词斩） **改编IP**（小时光面馆、深夜食堂、一千零一夜）

图 4-3 命名"四象限"

比如"老干妈"酱料、"江小白"白酒、"蜂鸟"快递等。相叠的"叠"取重复的含义，包括叠字、叠音，例如娃哈哈、太太乐，以及近年来许多新式茶饮爱用的"莓莓""波波"。相熟则是借用人们更熟悉的概念命名，可以是名词也可以是典故，"蹭"一波认知。

相 关

从品牌本身切入，这是品牌命名最常见的手法。所谓的"相关"，包括品牌本身及所处行业相关、品牌正面情绪相关、品牌产地相关等。

1. 品类归类联想

顾名思义就是完全立足于品类本身命名，消费者一看就知道品类是什么，避免在基础认知上花费太多心思。比如零食界的良品铺子、方便面行业的今麦郎等。

2020年初在上交所上市的良品铺子，可以说把零食这门小生意做出了大规模。2006年，品牌创始人杨红春和张国强想在休闲食品领域干出一番事业，为他们的生意起个好名字，创业团队收到了300多条反馈。经过层层筛选，"良品铺子"脱颖而出。创业团队认为，既然要做零食，食品安全是最重要的，做生意一定要凭良心，做良品。而"铺子"则是中国古代对店铺门面的称呼，看起来、听起来都颇具古韵，有匠心传承的意味。

同时，"良品铺子"四个字也代表了创始人对这项事业的信念，即使销售规模再大，永远只是个"为大家提供服务的小地方"；以"铺子"为名，也有戒骄戒躁、放平心态的良苦用心。如今，良品铺子在中国100多个城市拥有超过2000家门店，2019年全年实现营业收入77.2亿元。

同样在2020年初，在集体居家、减少外出的大环境下，平时反响平平的"下厨房"App一夜爆红，甚至出现了宕机现象。原先，下厨房只是豆瓣无数小组中的一个，后来演变为独立的App。它的业务经营范围非常纯粹，就是一个美食菜谱分享社区，提供有版权的实用菜谱做法与饮食知识，为厨师和美食爱好者打造一个记录、分享的平台。

"下厨房"这个名字不仅和平台业务联系极为贴切，而且本就源于人们的日常用语，相较同类型社区大量"美食""菜谱"的命名，显得特别有画面感，仿佛能看到厨房中家人忙碌的身影，闻到飘出的饭菜香味。前文提及的农夫山泉也属此类，"农夫"二字让人觉得淳朴，"山泉"则联想到清澈流淌的山间泉水。同理还有周黑鸭、宜家、锐步、大众点评等。

2. 积极联想

从产品和所处行业出发，展开积极的正能量联想，以此命名。

Google 是全球最大的搜索引擎公司，最初名字是 Googol，意思是 10 的 100 次方，列开来就是 1 后边跟着 100 个零，旨在表明通过这个平台可以检索到互联网上海量的信息。可就在检索名称是否可用时，错把单词拼成了一个原本不存在的词汇 Google，于是便有了 Google.com 这个网站。

中文搜索引擎"百度"，恰是取了辛弃疾的"众里寻她千百度"之句，既饱含诗意，也体现出搜索引擎的行业特征。

顺丰速运，听起来就会想到"一路顺风"。仅从字面上理解，拆开来分别是顺利和丰收，也是积极的寓意，且在中国快递行业一众"×通"的名字里反倒显得独特。

属于此类的还有强调"旅途、旅程"的携程、中文翻译得格外适宜的奔驰、国产智能电动汽车品牌蔚来等。

3. 产地联想

对某些行业来说，产地是商品非常重要的价值载体，尤其在时尚、奢侈品以及食品、饮品等领域。

依云水就直接以水源地依云小镇为名。小镇位于法国上萨瓦省（Haute-Savoie），背靠阿尔卑斯山，面临莱芒湖，湖对面就是瑞士的洛桑。小镇依半圆形湖面而建，只有 7500 多名居民。1789 年法国大革命时期，一位法国贵族患上肾结石，来到依云小镇休养，取了一些源自 Cachat 绅士花园的泉水。饮用一段时间后，他发现自己的病奇迹般痊愈了。依云小镇和依云水就此闻名，逐渐发展为全球高端饮用水市场当之无愧的龙头。

再说说光明的莫斯利安酸奶。20世纪初，诺贝尔生理暨医学奖获得者梅契尼可夫通过大量研究得出结论：保加利亚人长寿的秘诀在于长期且大量地饮用酸奶，保加利亚菌种开始被世人所知。"世界五大长寿村"之一的莫斯利安村就位于保加利亚南部罗德比山脉东南坡的谷地里，在这个小村庄，百岁老人的比例高达万分之三，远超国际长寿地区标准。这里的村民有个世代相传的习惯，他们几乎每天都饮用自酿酸奶。

2009年，光明乳业将莫斯利安原产益生菌带回了中国，并以"莫斯利安"命名了国内首款无须冷藏的常温酸奶。在这里，"莫斯利安"四个字不仅代表了一种地理概念，更成为产品的金字招牌，产品上市不到一个月，单品销售额就突破1000万，以4倍速度刷新了光明常温新品上市的销售纪录，极大地助力公司提高整体的盈利能力，甚至推动企业在证券市场受到热烈追捧。

关于产地联想，还有一个知名营销案例——台湾统一的左岸咖啡馆。曾经，台湾统一的乳类饮品都使用"统一"的品牌，很难做出精品化的效果。于是，品牌方想从品牌名称入手，做彻底的风格大转变，他们提炼出了三大典型场景做市场调查，让消费者投出自己心中与咖啡最相符的一种。

投票结果显示，人们普遍认为来自巴黎塞纳河左岸咖啡馆的咖啡最值钱，品牌名也顺理成章地敲定为"左岸咖啡馆"。当时台湾奥美负责这一项目，他们的创意人表示："让我们忘记自己是在为包装饮料做广告，假想是在为一家远在法国的咖啡馆做广告！"

一系列风格浪漫怀旧、文字细腻深邃且带有强烈文化艺术气氛的广告席卷台湾，在目标群体中引发强烈反响，用现在流行的话术来说，让这些年轻的女孩感到与巴黎只是一杯"左岸咖啡馆"的距离。品牌推出的第一年就卖了400万美元，第二年的营业额比往年同期又增长了15%……左岸咖啡馆经由品牌认知的不断深化和发酵，成长为名副其实的高级即饮品牌。

相似（拟人和拟物）

相似（拟人和拟物）的手法，在市场上也十分常见。或是赋予品牌灵魂，将品牌人格化，或是冠以常见动植物或自然现象名称，隐喻产品功能。这样起名的好处是天然带有亲和力，直接拉近与消费者间的距离，且能形成特殊的品牌认知。当一个品牌不只是一个品牌，而变成了亲切的"老干妈""江小白""康师傅"，消费者便无法单纯将其视为冷冰冰的流水线产物，而开始产生更深层的情感连接。

1. 拟 人

有一个零食品牌，大家多少都听过它的名字——"张君雅小妹妹"。以如此完整的姓名搭配称呼命名，实在少见，"张君雅"本身又特别像真实的姓名，特别容易让人形成品牌记忆。当时，维力集团负债 35 亿元并面临重整，现任总经理张天民决定破釜沉舟，以"张君雅小妹妹"捏碎面，从泡面领域杀入休闲食品市场。配合这个名称以及捏碎面的特性，他们将包装正面直接设计成了一个圆圆脸的小女孩形象，当人们隔着包装捏碎里面的面饼时，仿佛在揉小姑娘胖乎乎的脸蛋。

这一整套认知体系，从名字、包装图案到广告语，都围绕品牌人格化进行打造，就连投放的真人拍摄的广告，也以张君雅为主角。系列产品上市后，反响极为热烈，大家都对可爱、有趣的"张君雅"毫无抵抗力，再加上产品本身足够美味，越发风靡台湾，就连广告中扮演她的小演员也成为家喻户晓的童星。维力集团借此一举扭亏为盈，从负债几十亿转为每月营收上千万。

在 2015 年之前，很少有企业会考虑针对 95 后甚至 00 后的年轻群体做一款茶饮。似乎大家都默认，最新一代的年轻消费者已经不爱喝茶了，各式各样的碳酸、果汁、奶茶饮料已经把他们的饮品市场填得近乎饱和。然而,"小茗同学"这款售价5元、四种口味的冷泡茶饮料,上市仅仅半年,就在95后消费者中打开局面,市场占有率高达2.4%。

这当然不是凭借一个好名字就能达成的业绩,但这个名号确实贡献匪浅,它一改传统茶饮料的老派传统范儿,走下神坛与年轻人打成一片,"小明"本就是学生时代极为亲切的称呼,加上"同学"二字,再配上色彩亮丽、设计活泼的瓶身包装,实现了校园场景的全方位贴合。

来自第三方调研公司IRI的一份调查显示:2015年,无提示时"小茗同学"的品牌认知度已经超过30%。同样在那一年,统一的销售和净利率大幅上升,净利8.3亿,同比增长192.26%,新推出的"小茗同学"和"海之言"联合贡献了高达25亿元的收入,占总销售额近20%。

2. 拟 物

拟物的品牌名在生活中同样俯拾皆是。凤凰网、酷狗、虾米、虎牌、雕牌……还有非常典型的"阿里动物园"。

阿里动物园是对阿里巴巴旗下产品的比喻,因为其中大部分产品基本都使用了一种动物作为名称或者Logo,再加上与之有关或收购的企业中有许多名称中都带有动物属性。这个庞大的动物园,共同构成了市值超8000亿美元的"阿里帝国"。

牛——阿里巴巴 B2B 事业群。阿牛是阿里巴巴 B2B 事业群的吉祥物，资历最老，毕竟阿里巴巴 B2B 事业群自 2000 年起就已经成立，主要囊括阿里巴巴国际站和 1688。

猫——天猫。天猫前身是淘宝商城，2012 年，淘宝商城宣布更换中文品牌"淘宝商城"为"天猫"并发布 Logo。天猫一词来源于英文 TallMall 的音译。在人们的传统观念中，猫这种动物是性感而有品位的，"天猫"代表的就是时尚、性感、潮流和品质；同时，猫天生挑剔，挑剔品质、挑剔品牌、挑剔环境，这恰好符合天猫"全力打造品质之城"的愿景。

蚂蚁——蚂蚁金服。蚂蚁金服旗下有支付宝、余额宝、招财宝、蚂蚁聚宝、网商银行、蚂蚁花呗、芝麻信用等子业务板块。蚂蚁象征着团结的力量，同时也代表着成千上万的企业。

猴子——优酷。优酷于 2016 年正式成为阿里巴巴全资子公司，作为阿里巴巴提供视频服务的重要出口。代表优酷的动物形象是小猴子"侯三迷"。

鱼——闲鱼。闲鱼是阿里巴巴旗下的二手交易平台，2016 年，阿里巴巴集团宣布旗下"闲鱼"和"拍卖"业务将"合并同类项"。显然，这个名字是由"咸鱼"一词发展而来。

松鼠——UC。UC 浏览器于 2014 年 6 月并入阿里巴巴，成为阿里巴巴移动事业群的核心部分，并将该事业群总部落地广州。提到 UC，橙色的松鼠 Logo 令人印象深刻，它有一个可爱的名字"UU"。

鹿——阿里健康。阿里健康是阿里巴巴集团"Double H"战略（Health and Happiness，健康与快乐）在大健康领域的旗舰平台，是阿里巴巴集团投资控股的公司之一，以"小鹿医生"为品牌视觉符号，小鹿灵动、活泼且极具生命力。

河马——盒马鲜生，是阿里巴巴对线下超市完全重构的新零售业态。

许多人都会疑惑，明明阿里巴巴是这么"高大上"的企业，旗下业务也都是"不明觉厉"的，怎么偏偏在动物界找名字？首先可以看出，许多业务的表现形态，确实能对应人们对一些动物的印象，比如"蚂蚁金服"，想到兢兢业业的小蚂蚁，汇聚在一起却有巨大的力量。"猴子"调皮、活泼、开朗的属性，和优酷的娱乐基调也高度相符。其次就是亲和力，这也是动物名词区别于其他类型名词的巨大优势，可爱的动物形象自带"萌"属性，往往能拉近与用户间的距离。最后，"阿里动物园"的整体性和归属感也映射着阿里巴巴的互联网生态圈，固化不同业务间的系统关联性。

相叠

所谓的相叠，其实就是运用叠音，可以叠音相连，也可以隔字相叠。这两年大火的"拼多多"，"拼"字突出平台主营的团购业务，"多多"二字既上口，又方便记忆，而且也代表着在这里团购可以得到更多的优惠。

其他常见的叠音品牌名还有以下这些——

两字叠音：盼盼、旺旺、滴滴、QQ、钉钉、陌陌、当当。

三字叠音：娃哈哈、拼多多、货拉拉、企查查、人人贷。

隔字相叠：可口可乐、呷哺呷哺。

为什么品牌喜欢起叠词的名字？因为这符合人们天生的发声方式，传播门槛极低，且记忆的根本就在于重复，重复的次数越多，其记忆就越深刻。在不断的回环往复中，消费者自然建立起对品牌的认知。上述这些名称，常出现在人们的生活中，朗朗上口，很好记忆。

相叠的方法还常被用在起固定某款产品的名称上。近年来全面爆发的休闲茶饮市场，主力军喜茶、乐乐茶、茶颜悦色等品牌，都喜欢在饮品名称中使用叠字。

喜茶：芝芝蜜瓜、芝芝莓莓、芋泥波波、紫米波波、芒芒冰激凌、莓莓冰激凌。

乐乐茶：草莓酪酪、西瓜酪酪、草莓脏脏茶、京都抹茶脏脏茶、杨枝甘露冰冰茶。

茶颜悦色：声声乌龙、筝筝纸鸢、芊芊马卡龙。

大量叠字的运用，不但让产品名听起来萌趣可爱，个中翘楚念出来还带有文字韵律之美，更统一了各条产品线内部的风格，让大家一望便知对应饮品的大致情况，极大地方便了消费者点单。

相　熟

1. 傍熟悉的名词

说到以广为人知的名词、典故、诗文等来命名品牌，或许你的脑海中已经浮现出一系列名字：苹果、土豆、小红书、锤子、豆瓣、外交官、曹操出行、百词斩……借势这些熟悉名词，大大降低了品牌的用户认知门槛，可谓"前人栽树，后人乘凉"。

国外的品牌和消费者同样吃这一套。后世普遍将希腊文明看作西方文明的主要源流之一，我们耳熟能详的诸多大牌，名字都来自于古希腊神话故事。

爱马仕（Hermès）是世界著名的奢侈品品牌，1837年由Thierry Hermès创立于法国巴黎，最初以制造高级马具起家，现在则拥有箱包、丝巾、领带、男女服饰和生活艺术品等十余个产品系列。尽管西方奢侈品牌原本就流行以创始人名字命名，但Hermès确实也是向赫耳墨斯神致敬。赫耳墨斯是古希腊神话中的商业、旅者和畜牧之神，被视为行路者和商人的保护神以及雄辩之神。传说他发明了尺、数字和字母。主营高级马具的爱马仕，希望能得到赫耳墨斯的庇护，也饱含着祝愿使用者一路顺风的美好寓意。

耐克的名字来源于希腊神话中胜利女神尼姬（Nike）。她长着一对翅膀，身材健美，所到之处满是胜利的欢欣。维多利亚的秘密的命名灵感也是从胜利女神而来，因为尼姬的罗马文名字就叫Victoria（维多利亚）。另外，国产女鞋品牌达芙妮和西方神话中的月桂女神Daphne"同名"。

神话之外，一些意象饱满的名词也容易被用来命名。亚马逊最初的名字是"Cadabra"，但创始人贝佐斯觉得这个名字听起来太像"cadaver（尸体）"了，过于不吉利，所以想改名。对于新的名字，他希望首字母最好是A，这样不论在什么序列中都能排到最前面。由此他联想到了世界上最长的河流——亚马孙河，希望公司也能如大河奔腾般顺利前行，所以选定Amazon作为品牌名称。

雷军也曾介绍过小米名字的由来，表示小米的米拼音是mi，展开来首先是Mobile Internet，直接给品牌定调：要做移动互联网公司；其次是Mission Impossible，小米要勇于挑战不能完成的任务。再者，"小米"喊出来亲切可爱，就像用户的朋友一样。所以即便是"借名"常见的物品，也可能包含着品牌的良苦用心。

2. 基于已有IP改编

基于已有IP改编，也不失为品牌命名的快捷途径。但既然和IP有关，就要求填入一定的内容支撑，不然容易沦落为生硬的"移花接木"，反倒失去了品牌自己的特色。

日本漫画家安倍夜郎创作的漫画《深夜食堂》拥有超高

人气,这部漫画以繁华都市里只在深夜营业的食堂为舞台,将老板和形形色色的客人身后的故事与各式家常美味融合,用食物暖胃、以故事暖心,慰藉都市中孤独的人们。漫画先后被改编为日剧、韩剧和中国电视剧,堪称风靡亚洲,这种"食堂老板和客人"的故事也成为经典的内容设定。

台湾统一推出背景相似的五支系列广告片,名曰"小时光面馆"。在每支广告片中,面馆老板都以第一人称向观众讲述顾客们的故事,"以心情调味"更成为老板制造美味食物的秘诀。这也正是统一想向消费者传递的品牌内涵:用心做好每一份面,以心情调味。在推出"小时光面馆"系列广告片的同时,台湾统一还推出了"小时光面馆"专题网站进行配合宣传。

淘宝二楼第一季的"一千零一夜",同样有些"深夜食堂"的意味。这个项目讲述了在神秘的小帐篷里,围绕美食发生的16个都市奇幻小故事,沉浸式的观看体验,让用户隔着屏幕都能感知到美食的色、香、味,由此引发的食欲暴涨,直接转化为商家一路走高的销量。据统计,淘宝二楼播出后,某品牌鲅鱼水饺2小时就卖掉近20万只,伊比利亚火腿直接售罄,销量比过去五个月的总和还要多,带货能力惊人。

"一千零一夜"不仅成功带货,更与用户展开了深刻的情感沟通,尾声部分的一段精彩文案更是打动了很多人——夜真的是一个很神奇的东西,明明白天很坚强的人,到了晚上就原形毕露。觉得自己渺小，觉得自己失败。白天假装的微笑，到了晚上，都消失了。失恋的眼泪，好像到了晚上特别容易流下来。觉得早就忘记的事，原来根本没忘记。早就过去的坎儿，原本根本没过去……

尽管借鉴了深夜食堂的场景设定，却呈现出了中国本土的美食风貌和品牌自身的态度，同时深度植入了"淘宝二楼"的品牌认知，不失为优秀的 IP 借势案例。

特别提醒：无论名字起多好，能注册才是王道

一旦脑海中闪现好的创意，建议第一时间上"国家知识产权局商标局 中国商标网"（http://sbj.cnipa.gov.cn/）和国家市场监督管理总局（http://www.samr.gov.cn/）查询，确认能够注册再进行优化，避免和前人"心有灵犀"，白白做了无用功。有前瞻性的企业，会同时注册相近的大量词汇降低风险，以防被人碰瓷、打擦边球。

06 广告语就是压制战

企业如何从红海中突围？如果说差异化的产品力是核心武器的话，那么广告语就是商战中的先锋军，担任着抢占行业制高点、攻破用户心智防线的第一要任。

广告语是词汇锥的重要一环，也是企业所有资产中最重要的投资，它集战略意图、产品爆点、用户诉求于一体，对市场认知做出占位和表达。同行业、同类型间的广告语比拼就是压制战，对手讲什么，我们就压制对手一头。"怕上火喝×××。"加多宝、王老吉广告语之争就是企业争夺几十亿投入的核心资产。谁赢得这句金句，谁就有希望获得这个400亿的市场。

以"南抖音，北快手"短视频市场搏杀为例，快手的愿力和战略是：普惠、去中心化，普惠的逻辑是希望8亿下沉市场用户参与发声，从矿工到快递小哥每个人都值得被记录。因此，广告语就成了——记录世界，记录你。

而抖音通过两年时间便赶超快手，它是如何做到的？抖音的愿力和战略是中心化，从运营角度邀请到明星大号打造爆款视频吸睛。抖音最初邀请到多位明星站台，从岳云鹏、吴亦凡、古力娜扎、王嘉尔、腾格尔……曝光展现，同时通过音乐和特效滤镜带来用户高速增长。其广告语为：抖音，记录美好生活。所谓"美好生活"就是通过算法和运营撬动头部，聚集成中心化网络。

这两句广告语表现了两家企业不同的价值观和出发点，决定了两个产品的本质区别。抖音打击快手的普惠价值观，让快手无力反击，但也进入不了快手的下沉市场。

再来看下其他双雄品牌的广告语对决：

京东"多快好省"PK 天猫"上天猫，就购了"
老板"大吸力"PK 方太"四面八方不跑烟"
瓜子"没有中间商赚差价"PK 人人车"好车不和坏车一起卖"
饿了么"饿了别叫妈，叫饿了么"PK 美团"美团外卖，送啥都快"
ofo"骑时可以更轻松"PK 摩拜"天生靠得住"
农夫山泉"农夫山泉有点甜"PK 乐百氏"27层净化"
农夫山泉"我们不生产水，我们只做大自然的搬运工"PK 恒大冰泉"不是所有大自然的水都是好水，恒大冰泉，世界三大好水，我们搬运的不是地表水，是3000万年长白山原始森林深层火山矿泉"

广告语大战，重要性不言而喻。

农夫山泉称得上用户认知的经典广告语案例。"农夫山泉有点甜"这句接地气的广告语里，包含着水质天然、纯净的强暗示，与法国依云水的"live young"颇有些意蕴相通之感，时间更近一些的"我们不生产水，我们只做大自然的搬运工"更一度走红网络。那么，这些精彩的广告语又是怎样被创作出来的？

农夫山泉选中上海作为全国首个试点市场，准备大力进军。当时的乐百氏"27层净化"已经打下了纯净水市场，而农夫山泉却是初出茅庐。农夫山泉选出了两句广告语，一是"千岛湖源头活水"，一是"好水喝出健康来"。但是特色并不突出，和别家品牌构思差不多，都属于企业思维认知。

消费眼光颇高的上海市场是否喝得惯新品牌矿泉水？时任农夫山泉董事长的钟睒睒亲自莅临调研。在城市最核心的静安寺一带，他敲开了一户居民的家门，请他们全家品尝农夫山泉，没想到这户人家的小孩喝了一口便脱口而出"有点甜"。

这完全是用户一种下意识的反应，恰恰点出了农夫山泉的饮用天然水与其他品牌纯净水的最大区别——当竞争对手还在将净化技术作为核心竞争力的时候，农夫山泉已经转向更天然健康的矿泉水。"农夫山泉有点甜"横空出世。在消费者记忆和认知度调研中遥遥领先，甚至到了一提到农夫山泉，就能顺口接出"有点甜"的程度。配合品牌名称"农夫"二字让人觉得淳朴，"山泉"让人联想到山间流水潺潺，有天然纯净之感，再加上绿水映青山的Logo，从听觉、视觉和体验层面，合力在消费者心中形成深刻的品牌认知。于是"有点甜"的农夫山泉"干"掉了"27层净化"的乐百氏。

至于近几年才出现的"我们不生产水，我们只做大自然的搬运工"，同样是借助"不生产"和"搬运工"这种接地气的表述，反复强调了农夫山泉水质天然、原生态的特点。简单的一句广告旁白，让消费者深刻体会到农夫山泉水质的天然和纯净。

07 爆款广告语怎么起？

确定了产品名称，还需要想一句能引爆产品的广告语。我认为，一句成功的广告语，至少应该包含以下任一种因素，如能做到多重因素叠加，则成功概率更大。思考广告语的核心是转变角度，立足顾客已有的常识进行自我审视：你的品牌认知，优势在哪里？

一个出发点

无论是讨论大的品牌定位还是聚焦在广告语，一定要从消费者认知出发，而非企业自我认知出发。沟通就要拿出沟通的诚意，设身处地、学会共情是对消费者最基本的尊重。

举个例子，两个空调品牌分头打广告，都是为了凸显节电技术，一个说"高端科技，大幅省电"，另一个说"一晚一度电"。前者显然是厂方语言，说出来与其是想吸引消费者购买，彰显自己技术先进的情感反倒要更强烈些；后者则是典

第四章 法则一：打造"词汇锥"，实现定位词汇化

```
┌─────────────────┐      ┌─────────────────┐
│   一个出发点    │  ⇨   │ 给我一个购买动机 │
│从消费者认知出发，│      │ 场景特征＋缺口需求│
│ 绝非企业自我认知 │      │解决用户问题＆情感│
│                 │      │      利益       │
└─────────────────┘      └─────────────────┘
         ⇧                       ⇩
┌─────────────────┐      ┌─────────────────┐
│二次传播打通多重感官│ ⇦  │ 一个最终购买扳机 │
│以二次传播，彻底打通│     │ 效果与成本的决策 │
│听觉、视觉等多重感官│     │      博弈       │
└─────────────────┘      └─────────────────┘
```

案例
1. 困了累了，喝红牛
2. 怕上火喝王老吉
3. 一晚一度电
4. 你的袋我的戴，就上你我贷
5. 做女人挺好！
6. 康师傅，就是这个味！
7. 我要马上就要！
8. 嘴里没味来一片

图 4-4 爆款广告语的核心

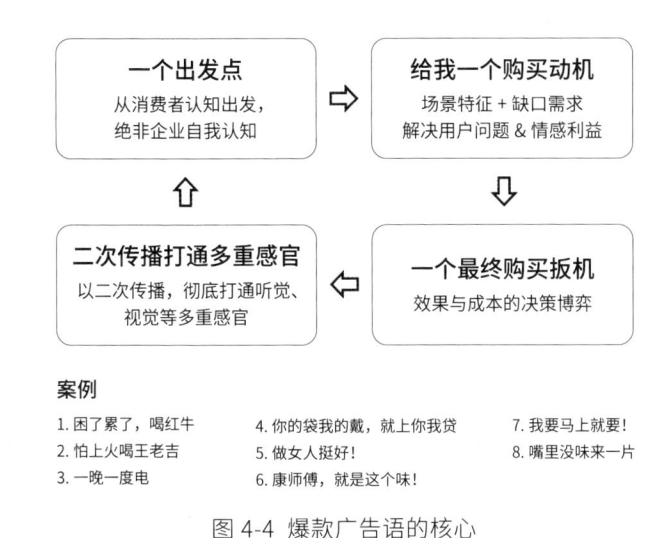

型的用户语言，不提自己的技术多么高级，而是落到能带给消费者实实在在的好处上，开一晚上空调只需要你一度电。

七年前，美的正是用这句"一晚一度电"，搅热了暑期空调市场，彻底刷新了用户品牌认知。当时，美的最新推出的"新节能"系列空调，凭借创新的 ECO 节能模式，达到了超级节能效果。用户在使用过程中，只需按下遥控器上面的"ECO"按钮，使空调以 ECO 节能模式运行，就能实现夜晚 8 小时的睡眠周期内的制冷量最低仅需一度电即可满足。

在打出"一晚一度电"的广告之后，该系列空调上市近一个月就高居二级以上能效变频空调畅销榜的前三名，且并未随着天气转冷而减缓增势。在寒冷的一月，"一晚一度电"

的新节能系列高居整个空调行业销量排行榜第一名。

要说异曲同工，OPPO 的那句"充电 5 分钟，通话 2 小时"与"一晚一度电"颇为类似。没有使用各种深奥的科技语，而是直接向消费者展现快充效果和续航时长。就连 OPPO 自己都没料到，人们能对这十个字倒背如流，甚至直接开创了智能手机的新时代。它不再是一句简单的广告，而上升为一个衡量手机续航能力和快充水平的标准。就连友商都在发布会上沿用这套话术，自家的手机在充电 5 分钟之后，可以通话 10 个小时左右。

给我一个购买动机

消费需要理由吗？当然需要。如果说制造产品是为了解决问题，那么销售产品、大力吆喝，其实就是给产品找到一个消费者非买不可的理由。你也许无法控制消费者为你的品牌付费，但你可以让每一笔已经生成的账单都别具意义。这就是理由存在的必要性。

看看那些特别会兜售"理由"的品牌——怕上火喝王老吉；送礼只送脑白金；白加黑治感冒，白天不瞌睡，晚上睡得香；困了累了，喝红牛……总之，都是为了解决用户问题、满足需求缺口而存在的。

在这方面，国产高端玫瑰及珠宝品牌 roseonly，也称得上是个中翘楚。这个品牌名就起得够特殊，"rose""only"，只送给一个人的玫瑰。它也确实借此发挥，打出了"一生只送一人"的理念，一旦注册，送礼对象只能固定一位，不得更改。

概念有了，还需要广铺证言，增强品牌信任度。于是人们会看到，不论是情人节、白色情人节、母亲节还是七夕，但凡是和传情达意沾些边的节日，微博上都会有大量明星晒出 roseonly 大捧大捧的玫瑰花，这支队伍包括杨幂、李云迪、林志颖、冯绍峰等。在娱乐明星和意见领袖有意识地引导下，越来越多的普通消费者也开始追逐 roseonly 并纷纷晒单，这让 roseonly 的玫瑰花一度发展为能在办公室引发小规模轰动的传情"神器"。

最高级的广告语，绝不止于介绍产品和服务，更重要的是点燃情绪，引发消费者的感性购物欲望。如果将 roseonly 的玫瑰花只当作花本身来审视，近 200 元一朵的价格简直不可思议，但一旦被套上"情人节最佳礼物""一生只能送一人"的光环，一束卖到近 2000 元看起来也合情合理。roseonly 完美地展示了专属于高级消费品的增值全过程——你买的可不是普通的玫瑰花，而是 roseonly。

一个最终购买扳机

好的广告语，不仅要有优质的内容，更要有指令。就像许多快餐品牌广告，在介绍完近期新品后多少会来一句"快去门店品尝吧"。在第二章我就提到过，人脑很懒惰，天生是不愿耗费精力去理解高度复杂的信息的，既然都已经打广告打到用户面前了，不如再加一句指令性话语，引导消费者要怎么做，直接将广告转化为他们做出消费决策的实际行为。

益达曾经做过一系列的品牌广告，相信大家多少都看过——斥巨资先后请来郭碧婷、彭于晏、白百何、桂纶镁、郭晓冬等一众明星参与，演绎各式各样的益达故事，尤其是那段"嘿！你的益达！""不，这是你的益达。"对白深入人心。这支广告虽然在消费者中激起了一定反响，极大拓宽了益达的认知度，但前后销量却有些差强人意。

作为一支短片，这些演绎肯定是合格的，实力演员之间的碰撞，还有益达作为小小点缀。但作为广告，仅仅以"你的益达"打下认知烙印还不够，缺的就是一份行动指令。观众们看到内容，觉得精彩，但不明白这个产品和自己会产生什么关联，更不会专门去购买，只如旁观者看戏一般。

后来，益达更换了广告演员出演，尽可能地让观众的注意力聚焦在短片中出现的益达上，并将广告语改为直截了当的"吃完喝完嚼益达"，收到良好效果，后又进化为"饭后嚼两粒"，销量更加提升，就是因为直接点明了食用场景"吃完喝完"，以及精确到食用数目"两粒"。越是细致的指令，越让消费者不必"费脑子"，如果成本不高，直接执行就可以，就这么简单。

"花呗"是阿里巴巴旗下蚂蚁金服提供的个人消费信贷产品，它基于个人在支付宝上的消费记录以及其他信用记录给用户授信，开通"花呗"之后即可在淘宝、天猫上先购物，再还款。它同样有一句"魔性"的广告语——没关系，想花就花呗。对年轻的消费者来说，这同样是指令，他们可以尽情追求自己喜欢的事物和生活，花呗就是他们的底气。

二次传播打通多重感官

以"口播"为代表的二次传播，将彻底打通听觉、视觉等多重感官。

2014年，横空出世的《奇葩说》创下了"收视奇迹"。这样一档少见俊男美女，更没什么"人气偶像"的综艺，就凭一票语不惊人死不休的"奇葩"以及他们之间的唇枪舌剑，竟然博得年轻群体的欢心，吸引无数观众追看。而它带来的那些经典"口播"金句，同样令人难忘：

> 美特斯邦威，时尚时尚最时尚
> 伊利谷粒多，国际扛饿大品牌
> 纯甄酸牛奶，奶后吐真言
> 雅哈咖啡，喝了才能愉快聊天

有范，衣服穿得对，省下整容费
　　……

　　就因一句"时尚时尚最时尚"，美特斯邦威"容光焕发"，子品牌"有范"更获得了高达45.8%的口播记忆度；伊利谷粒多燕麦牛奶则凭借"国际扛饿大品牌"直接刷新用户认知；同样令人印象深刻的，还有海飞丝，从"废话就像头皮屑，应该被清理"到"别让你的头屑陪我过夜"，不禁让人在心底拍案叫绝；此外，还有纯甄酸牛奶的"奶后吐真言"……

　　可以说，基于节目内容与品牌特质量身打造的"原生口播"降低了广告植入的刻意度，以不落俗套的方式模糊内容与品牌的融合边界，制造了病毒式传播。

　　六年多的时间里，《奇葩说》的合作品牌横跨乳产品、服装、手机、汽车、食品、互联网App等各个领域，总赞助金额累计超过15亿。多年来的历练，让《奇葩说》"捧红"了不少品牌，同时也让节目本身的制作和内容质量一再升级。这既是口播对品牌的超级赋能，也是品牌对优质媒介的高度反哺。

　　同时这也印证了，无论处在什么时代，好的内容永远是商业生态中的稀缺资源，而如何借助这样的资源打通消费者多重感官、为营销和传播挖掘更多可能，则是品牌必须做好的功课。

整个第四章，我反复在强调的是词汇、词汇、词汇，重要的事情说三遍。一方面借助词汇锥来实现品牌的定位词汇化，另一方面用词汇来检验品牌定位做得是否成功。同时，这一章还围绕品牌名称、故事和广告语，介绍了大量操作性极强的办法和策略，皆因它们本就源于我二十余年的营销实战。想尽办法为你的品牌创造词汇，并将它们牢牢绑定，然后你会发现后续的营销思路或动作都将异常"丝滑"。

第五章

法则二：打造"符号锥"，实现词汇符号化

01 符号是词汇最好的具象表达

前一章里我详细阐释了词汇锥对品牌的重要性,这章主要解读符号锥。打造符号锥的过程,其实就是词汇符号化的过程。

词汇虽然足够精炼,但与用户之间还是缺少连接,需要用更直观的视觉形象来做显性沟通,于是就有了符号。它是词汇与用户之间的桥梁,也是一种具象的表达,同时也是对词汇本身的投入与维护。人类获取的信息83%来自视觉,对占比位居第二的听觉及其他各种感官来说,属于压倒性的优势。

从人类文明曙光初露,符号就成为信息传递的重要元素,比如"堆石记事""结绳记事"。当读图时代来临,符号更拥有了绝对的"表现力"和带货优势。要用户记住你,就需要提炼出品牌自身的典型符号。配上了符号的词汇,品牌更容易被辨识和记忆。因为拥有视觉符号的加持,更容易打造品牌资产,例如"中国好声音"——举着话筒的V手势,"奔跑吧兄弟"——代表"跑男"的R字母人。

为什么"中国好声音"在节目中一遍又一遍插播带话筒的V手势?很简单,因为"好声音"是节目最想占据观众心智的词汇，因此节目不断地在"好声音"这一词汇上进行视觉投资与维护。不仅如此，其他一切感官元素也都是为这一目的服务的。以此为标准，可以说只有实现了词汇的符号化，符号锥的打造才算成功。

通过梳理总结，构成符号锥的要素主要有：Logo 及辅助图形、品牌色、代言人等，这些也都是品牌极为重要的视觉资产，是构成"符号锥"的主力。接下来我将做分别阐述。

02 符号锥构成要素之一：Logo 及辅助图形

品牌 Logo 本身就是最好的符号锥，还可以作为企业故事的讲述者和承载者。伴随着苹果品牌的全球蔓延，那个被咬掉一口的图案也变得广为人知，这个苹果符号出色在哪里？乔布斯给自己的公司取名叫苹果，又用苹果 Logo，达成听觉和视觉上的高度统一。苹果又是人们生活中常见的水果，在西方更被认为是智慧之果，人们记忆起来毫不费力。

但是这个 Logo 妙就妙在没有使用一个完整的苹果，而是被咬了一口的苹果，这个巧思让整个图案都变得更加生动，也更具空间性和故事性——当然，也有一种说法是，这个被咬了一口的苹果，是乔布斯对人生偶像艾伦·图灵的高度致敬。这位"计算机科学之父""人工智能之父"，1954 年 6 月在家中去世，警察发现他的床头放着一个被咬了一口、氰化物浸泡过的苹果。无论事实是否如此，这样一个"不规矩"的苹果，都比一个饱满完整的苹果更独特、更有个性。

从华为创立到目前为止，其 Logo 也经过了三代更迭。第一代华为 Logo 由 15 个花瓣组成，代表了华为当年的 15 位开山创始人。第二代 Logo 保留了花瓣，只是变为 8 瓣，且中心更加紧凑，既显得蓬勃兴盛，也是华为"坚持以客户需求为导向，持续为客户创造长期价值"核心理念的渗透；最后，伴随华为坚持与伴随出海战略的高速发展，"华为技术"也变为"HUAWEI"。华为创始人任正非曾提及："华为的标志是一朵菊花，它的含义就是华为的员工要蓬勃向上，万众一心。"华为的总裁张平安也曾说："希望华为能够把产品销售到全世界的各个地方，红色的 Logo，和太阳光芒的颜色非常相似，是散发光芒的意思。"这个集中体现了华为企业精神的 Logo 一直被沿用到 2018 年。

图 5-1 华为 Logo 的更迭

后来，为了适应目前扁平化的潮流，第三代华为Logo正式亮相，渐变色方案停用，直接改为全红色调，整体造型也做了扁平化处理，不仅更简洁、更有视觉冲击力，且更具科技感，适应年轻消费者的审美。

腾讯的企鹅最初只是OICQ这个产品的Logo，就是一只普普通通的企鹅，长得称不上可爱，甚至还有点"凶巴巴"。2000年，OICQ正式更名为腾讯QQ，并对企鹅形象进行了全方位改造，这才有了后来风行全国的胖嘟嘟企鹅形象，更有大红围巾"注入灵魂和差异性"。

产品名叫QQ，以企鹅为"吉祥物"的名字也叫QQ，尤其当时在登录账号时，电脑屏幕右下角的企鹅还会左右摆动，来消息时企鹅则不断闪烁，将听觉、视觉和体验高度融为一体，自然让人印象深刻。二十年来，QQ企鹅的Logo虽经数次改动，但经典的黑白色调搭配大红围巾一直沿用至今，哪怕不出现"腾讯""QQ"这些字眼，人们一看到企鹅，自然就会联想到品牌。如今，企鹅已成为腾讯的象征，甚至由此引申出"鹅厂"的花名。相比腾讯，"鹅厂"更受00后的喜爱，更具符号锥强调的辨识度。

华为与腾讯的Logo，伴随企业成长不断改变，但都没有彻底脱离最初诞生时的雏形，而是在其基础上做出适应不同年代消费主力人群的迭代，并最终成为企业和企业精神的承载，成为品牌认知最显著的"招牌"。无疑，这两个Logo本身都是极为成功的符号锥。

三杯咖啡的故事

这两年，咖啡生意在国内开展得如火如荼，其中最吸睛的莫过于树大根深的老牌强者星巴克，迅速成长、争议不断的瑞幸咖啡，由星巴克"外卖代购"起家、逐渐自立门户的连咖啡。聚焦同一行业不同品牌的视觉符号，同样能带给我们许多启发。

图 5-2 三杯咖啡的 Logo

星巴克的 Logo 一直使用海妖塞壬的形象。和前文提到的许多品牌符号一样，塞壬也是希腊神话中的人物，在《荷马史诗》中就有记载。她以双尾美人鱼的形象活跃在欲望之海，利用美妙的歌声引诱路过的船员，使得船只触礁沉没。和传说中的美杜莎有些相似，塞壬也带有难以抗拒的诱惑意味——这也符合咖啡的产品属性，不仅让人感到兴奋，长期饮用还会上瘾。

早期的星巴克Logo走的是写实风格，由于不少消费者反映这种风格呈现出来的画面过于暴露，且带有性暗示的不良影响，尤其有大量来自女性的反对声音，于是Logo里的双尾美人鱼逐渐不再赤身裸体，而是以大波浪长发遮掩。1987年被每日咖啡公司合并后，星巴克的双尾美人鱼加上了前者标志性的绿色。后来，图案从全身变为半身，整体的设计风格也更加简洁抽象。

2011年，星巴克与品牌机构Lippincott合作，共同推出了最新版的Logo并沿用至今。设计团队改进了整体构图，重新绘制了光滑精准的笔触，最重要的是将简洁贯彻到底，直接把周围一圈品牌名称都删去，只留下经典的塞壬形象。

经过数十年的演变，星巴克的Logo已不仅代表品牌自身，更上升为美国的流行文化符号，由此也衍生出各种创意作品。西班牙艺术家阿莱霍·马利亚（Alejo Malia）就曾推出Starbucks ICONS创作计划，将他所观察到的咖啡厅轶事融入星巴克的塞壬Logo，延展出各种趣味十足的图案，比如以戴着眼镜的Logo，喻示星巴克颇受文艺青年的喜爱；以拿着手机比剪刀手的Logo，戏谑年轻人买了咖啡总是先自拍再喝。

相比星巴克的塞壬神话，定位高品质商业化咖啡的瑞幸走简单直白的风格，毕竟其目标群体定位在职场人群和以学生、年轻白领为主的新锐消费者。品牌初创期，瑞幸咖啡精准定位自身为"职场咖啡"，可以说是对星巴克引以为傲"第三空间"的一出差异化打击。

其实瑞幸咖啡的中文名和英文名 luckin coffee 是相对割裂的，两者的发音难以让人产生联想，这算是品牌的一个小缺陷。由于其 Logo 中只使用了英文，部分消费者即便天天购买咖啡，也没有意识到自己喝的是"瑞幸"。

但是，瑞幸用了一个很聪明的办法，完全绕开了中文名和英文名的纠结，直接打出"小蓝杯"的名号，以此作为最显著的视觉标志，将品牌刻入用户脑海。运用蓝白色拼接出鹿头图案，这在咖啡行业尚属首次。从 Logo、杯身再到 App、海报甚至是外卖纸袋，配色高度统一，极具识别度。一旦蓝底白鹿的图案上升为用户对品牌的第一认知，中文名或是英文名叫什么已经不那么重要了。

从营销策略的角度看，小蓝杯就是一个最典型的符号锥。从"小蓝杯"的昵称（词汇锥），到视觉上的"小蓝杯"（符号锥），最后落在到店取餐、握在手里温热的咖啡（体验锥），这是一条异常明晰的三位合一逻辑线，共同构成了一把强力认知锥。配合海量的广告投放，外加社交平台上的推波助澜，瑞幸咖啡在极短时间内打爆认知，实现了只要提到"小蓝杯"，消费者都会想到瑞幸咖啡的效果。

与星巴克和瑞幸咖啡相比，国内另一家互联网咖啡品牌连咖啡的发展路线差异较大。2012 年"连咖啡"有了雏形，早期主打"星巴克咖啡外卖"服务，通过代购星巴克等品牌咖啡产品，收集和积累了咖啡外送市场的数据。四年之后，创立 Coffee Box 品牌自立门户，立足微信与外卖 App 两大平台，提供自有品牌咖啡外卖服务。

发展路线的差异，映射在品牌视觉上风格也迥然不同。乍一看连咖啡的 Logo 比起其他咖啡品牌，更多了几分互联网公司的气质——选用了较为明亮的棕色和橙色作为主打色调，在图形的选择上，主体为一个咖啡杯，杯身被有意识地设计成橙色的对话框，强调了品牌的社交属性。

这正是连咖啡一直想做的事——基于人际关系链做咖啡品牌和产品。早在 2014 年，连咖啡就曾推出"福袋"模式，用户将一个系统掉落的福袋分享到微信群或朋友圈，理想的状态下可以裂变出 50 个订单，且无限扩散。2018 年 8 月，连咖啡又正式上线了"口袋咖啡馆"功能，用户可以在小程序中像玩经营游戏一般装饰自己的店铺，关键在于装修完成后，必须把自己的店铺分享到微信群或朋友圈，才能正式开业运营。一时间各种风格的线上咖啡馆刷屏朋友圈，成为当年备受瞩目的线上交互案例。

说回连咖啡的视觉符号，这个 Logo 不可谓不好看，也有特色，但是也有个和瑞幸咖啡相似的硬伤——"连咖啡 coffee box"的词汇锥和符号锥不重叠，简直毫无关联，也未能与橙色咖啡杯的视觉符号互相呼应。尤其"×××box"这样的起名方法，在快消市场上已然接近泛滥，名称整体的传播优势较弱。

Logo 是符号锥中使用频次最高的资产，花精力与资金做好 Logo 是一笔完全值得的投入。认知满分的 Logo 应该满足高辨识度、易理解、公域属性强，以及和词汇锥、体验锥重叠的标准。如果你的企业 Logo 不符合以上标准，建议升级 Logo，具体如何操作请接着往下看。

Logo 升级，需谋定而后动

Logo 是品牌视觉的"眼"，是最典型的品牌视觉符号，也因此成为许多品牌变革的"刀口"。尤其在品牌年轻化、品牌焕新类型的营销战役中，往往以升级 Logo 打响第一枪。

与此同时又诞生了另一种说法，当企业不知道该做些什么才能挽救品牌陷入的困境，或开拓新的市场、吸引新的消费人群时，于是就启动"升级 Logo"壮举。

在我看来，升级 Logo 对于企业来说，可称牵一发而动全身。改之前务必审慎，进行对词汇和体验的综合预判；改之后务必配合完备的营销和传播链条，不要让这样的品牌大事被高高举起，轻轻放下。

那么，什么情况下品牌 Logo 的变更是有意义的、有效的？如何配合 Logo 的变动，更快速地建立起全新品牌形象？我的答案是还是要将词汇转化为符号，并进行叠化。百威的

Logo 升级与品牌迭代战役，表面上是视觉符号的变化，实则是以更新品牌 Logo 为切入点，成功重塑了整个品牌在消费者心中的词汇、符号、体验，放在今天依然对企业有参考和借鉴的价值。

百威是世界知名的啤酒品牌，总部在美国密苏里州圣路易斯市。1995 年，百威进入中国市场，在一众包装简陋的本地啤酒中迅速脱颖而出，牢牢占据高端啤酒的标杆地位。可随着时间的推移，一系列区域性的啤酒品牌陆续崛起，在新的挑战面前，百威必须采取行动。

得年轻人者得天下，在啤酒市场更是如此。百威开始考虑怎样才能让更多的年轻人知道百威内涵，并且愿意消费。原本，百威的品牌形象比较单薄，在年轻群体中除了"高端啤酒"，其他认知不足。2009 年的时间点也很特殊，面对国际金融危机，许多啤酒品牌都大幅压缩了营销广告部分的支出，但这对百威来说，反而成了机会。

市场调查显示，百威啤酒的目标人群主要是 18~35 岁的年轻群体。这个群体基本上就囊括了当时的 80 后和 90 后。百威洞察到对于年轻人来说，他们都是自己内心世界的国王。落到百威的品牌层面，其确实也是世界高端啤酒行业的领军者，于是就这样打磨出了"皇者风范"这个词汇。

接下来，就是如何将"皇者风范"这一词汇转化成符号。百威的做法是，将 Logo 原有的指代绅士风度的红领结更新为

图 5-3 百威通过 Logo 升级开启品牌焕新

皇冠图案，毕竟，皇冠就是王权的最典型象征。这个新皇冠 Logo，就是基于词汇符号化打造的。靠着"符号锥"，百威将"皇者风范"这个词融入 Logo，成功符号化。

既然有了"皇者"词汇和符号，就需要营造一个"皇国"来体验，添加更吸引年轻人的内容，以增强客户黏性。于是，百威又针对目标人群展开更细致的剖分，发现在 18~35 岁这个年龄段里，大多人都喜欢音乐、体育和游戏。

基于这样的洞察，百威品牌方提出了三大核心诉求——

一是利用群体参与的事件营销活动，加强与年轻消费者的互信、互利；二是通过音乐资源的利用，刺激年轻人的参与热情，加深品牌音乐属性的烙印，提升品牌的美誉度；三是通过发动广大消费者的参与和关注，能在较长时间内制造社会热点及话题，扩大品牌在全国的影响力。

可以说这三个需求，完全揭示了品牌面临的困境，处理好这三个困境，品牌焕新基本就水到渠成。那么，这些诉求要通过怎样的方式去实现？答案呼之欲出。在百威重塑品牌的过程中，基于视觉、听觉和体验三大维度，制定了一条横跨多领域的全新传播路线。

视觉——从"皇者"和"王冠"角度入手，对品牌形象符号进行再创作，顶上一盏小皇冠，使得 Logo 更加生动有趣，也更容易被消费者认知和记忆，还与品牌长久以来被誉为"啤酒之王"相吻合，让百威啤酒的"非凡品质"和"皇者风范"有所体现。

听觉——百威投入"音乐王国"的推广认知。从营销类型上说，思路指向明星效应和事件营销加强品牌的娱乐属性，提升品牌美誉度。品牌想方设法在网络上构建起自有的流量池：建立起 Bud.cn，以"百威音乐皇国"为主题，结合巨星演唱会和"我爱 IN 乐，寻找百威 K 歌之王"挑战赛，从易感的音乐层面引爆消费者的参与激情。

体验——在国人的生活中，节日是必不可少的一环。百威选中了一年中的营销最关键节点——新年和春节铺开动作，将百威的品牌文化融入具有中国传统文化氛围的节日，围绕团聚、分享和喜悦的主题展开传播，百威标志性的大红品牌色也与年节的喜庆氛围高度融合，共同营造出浓郁的节日氛围，百威本身也成为构成节日体验的一环。百威还从产品出发，从体验切入，进行品质营销，通过对原料、工艺等的宣传打出名号，当消费者在商场试喝或是购买时，尝到百威的美妙滋味，自然会想到品牌的"非凡品质"。此时品牌与消费

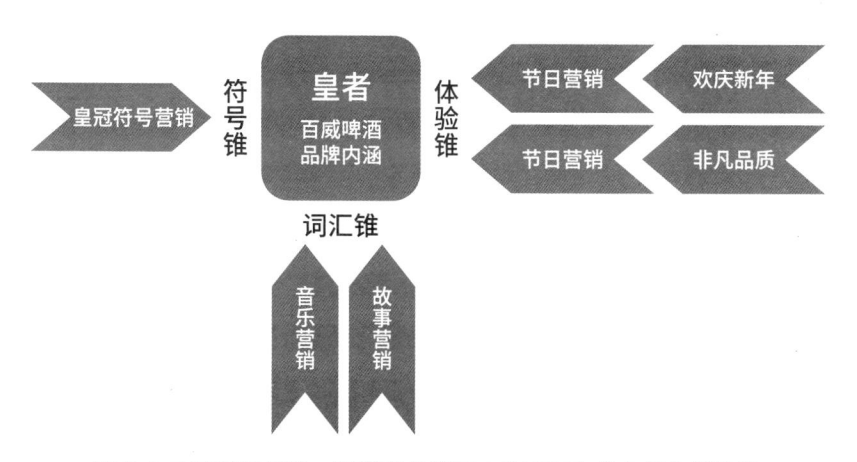

图 5-4 百威基于视觉、听觉和体验三大维度制定的全新传播路线

者间的关系，已经从简单地购买、使用上升为知己般的情感联结。

如果将百威这波品牌升级完全比作一场战役，那么升级 Logo 无疑就是进军的号角。它既是全新品牌主张在视觉层面的折射，也预示了接下来的品牌升级思路。人的一生中，选择很重要，品牌也一样，尤其是体量较大的品牌，每一次的改变都会被看到，趁着品牌升级的好机会，一定要重新梳理三锥的关系，争取实现投入产出的最大比。

公域符号变为私域符号，快速生成自带流量的 Logo

借用已经存在于人类社会记忆中的概念或者符号"搭个

便车"或者"碰个瓷",将已经在人们潜意识中扎根的公域符号,通过加工和演绎成为品牌的私域符号,认知门槛将大大降低,流量会来得更快速。

星巴克的 Logo 使用希腊神话中海妖塞壬的公域形象,沃尔沃车标使用安全带的公域形象,保时捷车标中间是一匹骏马,源自德国斯图加特盛产的一种名贵种马。

可见,挑选一个贴合品牌的公域符号,不仅能加速消费者的记忆和认知,更能够将其文化底蕴赋予品牌,无形中也提升了品牌的气质形象。那么,如何给品牌挑选一个合适的公域符号?

借鉴汉语言中的概念,我将公域符号划分为"本义符号"和"引申义符号"。前者意为符号就代表其本身,别无他意,而后者则说明,品牌希望汲取的是符号之下的深层意义,也许是一种联想,也许是一种精神,总之绝非表面图案那么简单。

本义符号是最常被"私域化"的公域符号,多为动物、植物以及人们生活中的常见器物,原因无他,因为大众对它们实在是太熟悉了。

爱马仕的品牌 Logo 是一驾马车,也许有人会好奇,世界著名的奢侈品品牌和马车有何关系?19 世纪人们出行主要依靠的还是骑马或是坐马车。爱马仕创始人 Hermès 先生当时就在巴黎开设了自己的马具专卖店。门店出品的高级马具受到当时欧洲贵族的喜爱和追捧,几乎成为拥有四轮马车后的必备品。20世纪20年代品牌在确定Logo时，毫不犹豫地加入了马车这个高认知度的公域元素，正是为了纪念这段早期发家史。

鳄鱼男装的Logo也非常经典，就是绣在领口的一条绿色鳄鱼。这也来源于一段逸事——品牌创始人René Lacoste是法国的网球冠军，某次他的队长和他打赌，说如果他能赢得比赛，就送他一只昂贵的鳄鱼皮手提箱。这个故事被美国《波士顿晚报》报道之后，他就有了"鳄鱼"这个外号。后来，Lacoste的朋友为他专门设计了一枚鳄鱼Logo，他把Logo绣在了自己改良的网球衫上，这就是后来风靡世界的鳄鱼Polo衫。

2018年，鳄鱼男装还联合世界自然保护联盟做过一次特别策划Save Our Species（拯救物种），将Polo衫上的鳄鱼替换成10种濒危动物。尽管鳄鱼标志被替换，但经典的款式和暗绿用色依旧让人能一眼认出品牌。

从壳牌石油公司诞生之日起，其Logo就是一枚扇贝图案，至今已经一百多年，中间只偶尔有过设计上的变化，主体却从不更易。贝壳和石油又有什么关系？原来，壳牌石油公司是在1907年由两家企业合并而成的，分别是荷兰皇家石油公司与壳牌运输及贸易公司，后者就是依靠贝壳装饰品贸易发家的。

早期壳牌的Logo是黑白两色的，直到1915年，壳牌进军美国加州，为了与强大的对手美国标准石油公司对抗，特地选用了西班牙国旗的红黄两色对贝壳进行了色彩填充，因为当时的加州有着数目庞大的西班牙后裔。壳牌希望能以这样的配色，建立起与消费者之间的情感联结。如此又延续到1971年，曾为可口可乐设计流线型瓶身和飘带标志的"美国工业设计之父"雷蒙德·洛威（Raymond Loewy），为壳牌重新改良设计了Logo并被沿用到现在。他有一句广为流传的名言——"在我看来，最美丽的曲线是销售业绩上升的曲线"。

这种使用常见公域符号的传统，一直延续至今。国内许多互联网企业都爱使用动物形象。除了典型的"阿里动物园"，去哪儿网将骆驼融入Logo设计，既表达了旅途的概念，又营造了一种不慌不忙、惬意悠闲的氛围。携程的经典Logo使用了海豚图案，展现品牌如海豚一般友好、智慧及可信赖。猫头鹰在Logo中也相当有存在感，从全球领先的旅游网站猫途鹰（TripAdvisor），到国内直播行业的映客、知识付费领域的得到，甚至是租房行业的相寓，都青睐使用猫头鹰图案。

而品牌将公域符号通过引申，化为自己的私域符号，图案背后更有深度的内容才是品牌真正想传达的。

1978年，范思哲诞生于意大利，创始人是三兄妹。他们大胆使用希腊神话中的蛇发女妖美杜莎作为品牌Logo。传说中，美杜莎原本是一位美貌少女，因遭逢不幸，被变为一只蛇发、魔眼的妖怪，凡是注视她双眼的人都会被变作石像，因此她也成为致命诱惑的代名词。以此作为品牌标志，既贴合范思哲特立独行、张扬恣意的理念，也隐隐透出三兄妹渴望以独到设计俘获消费者的野心，毕竟，没人能从美杜莎身上移开目光。

玛莎拉蒂的标志是海神的武器三叉戟。这家全球知名豪车生产商，发源于意大利的博洛尼亚，罗马神话中的海神尼普顿（对应希腊神话中的波塞冬）正是这座城市的市徽图案。他掌管天地间的三分之一，统治全世界的海域，三叉戟既是他的武器，也是他的权杖。霸气使用三叉戟作为Logo，既是因为地域特点，也符合玛莎拉蒂对豪车市场的征服者形象。

以"树"为Logo的品牌也不少。法国纯植物美容品牌欧树，崇尚自然和天然美学，Logo相当简洁，就是一棵树。雅诗兰黛旗下的美妆保养品牌ORIGINS（悦木之源），提倡高效的植物护肤理念，Logo是两棵前后生长的大树，旨在体现人与大自然的和谐关系。

从大自然中的动物、植物到神话传说中的美杜莎、三叉戟，尽管形象的来源不同，但都是人们耳熟能详的"公域符号"。直接化用在品牌上，自带天然的熟悉感，大大降低消费者的认知门槛，一眼就理解，一看就识别。

巧用辅助图形

辅助图形，是符号锥的重要构成元素。每一个品牌几乎

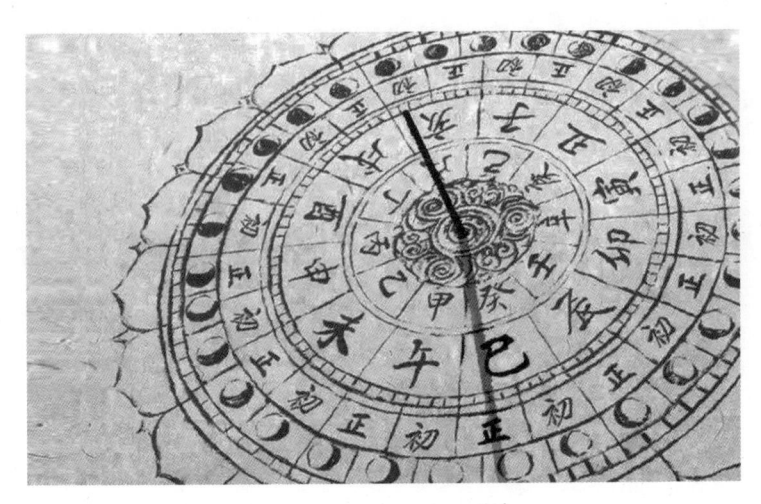

图 5-5 《长安十二时辰》的辅助图形：日晷

都有自己的 Logo，在由于种种原因导致 Logo 不能准确表达定位和词汇时，往往就需要用辅助图形来弥补和强化。

德芙的丝巾、阿迪达斯的三条杠、巴宝莉的苏格兰格纹、古驰的红绿条纹、可口可乐的曲线飘带、超人的斗篷、《长安十二时辰》中的日晷……它们都不能被严格划分为 Logo，准确地说是辅助图形，但却能让人迅速产生相关联想，建立品牌认知。全球品牌大师马丁·林斯特龙向我们揭示了高辨识度的辅助图形可以在不出现 Logo 的情况下，依旧能识别出品牌名。

比如你会在茫茫人海中凭借经典格纹辨识出谁穿了巴宝莉，但是未必能辨识出谁穿了 DIOR（迪奥）或者 PRADA

（普拉达）。在 Logo 辨识度较低或表现力较为单薄的情况下，不妨发挥辅助图形的作用，进一步加强消费者对品牌的认知。

图 5-6 巴宝莉的苏格兰格纹就是很好的"辅助图形"

03 符号锥构成要素之二：品牌色

除了 Logo 及辅助图形作为最常见的符号锥，品牌基底的色彩也是强大的符号锥。看到粉蓝色就联想到蒂芙尼，喝凉茶要红罐才正宗，看到桃花粉色系就是《三生三世十里桃花》电视剧，看到飞驰而过的那一抹红色就联想到法拉利……这些都是其他品牌无法占据的色彩，从中不难发现品牌色的认知价值。

雷纳·齐特尔曼博士曾亲自采访了德国四十多位精英人士，并在其著作《富豪的心理》中解密了超级富豪们的性格和行为特征。他写这本书，就是想揭示人的个性与成功可能性之间的关系，最终他归纳出了十多条富豪的共性特征。这是一个典型的"共性认知"案例。其实色彩对品牌的作用，也存在一定的共同认知，如红色给人带来温暖、热情和兴奋的体验，黄色则意味着光明、崇高和超凡的威严……

在多年的实战中，我们发现在用户认知中深色调永远比浅色看起来更值钱。不妨回想一下银行"黑卡"甚至"黑金卡"，即使这些卡片与金卡、银卡、普卡的尺寸相同、材质相同，但看起来永远比后者更珍稀、尊贵，甚至拿到手里还给人沉甸甸的感觉。同理，人们总觉得同时使用多种浅色会显得廉价，而单一的深色就自带高级感。身处快消品和服务行业的读者，可能对此体会更深。同一品牌旗下不同价位产品，主色调一定会有所区分，这就是视觉的信息传递作用。

在这个信息爆炸、品牌各显神通争夺用户注意力的时代，品牌传播往往需要集中全力于一点来吸引用户的注意力。无疑，品牌色彩便是一个值得深挖的传播点。它的存在，不仅能迅速为品牌建立起初步的视觉认知，还能增强品牌的区分度，降低消费者的记忆难度。同时，它还承载着品牌的理念和情绪表达，包括品牌想传递给消费者的精神信念。甚至一些独特的色彩，比如经典的蒂芙尼蓝，还能直接代表品牌出现，唤醒人们的潜在记忆。这些都是色彩从视觉上给品牌的作用力，我将其称为"人格化"。

红色是光谱中波长最长的色光，具有最饱满的色彩表情。高饱和的红色会让人感到兴奋、活泼、有冲动，较暗淡的红色则显得庄重肃穆。它是一款非常百搭且足以承载各种情绪的颜色，当然我们经常看到的还是高饱和度的红。天猫、京东、唯品会、拼多多、聚美优品、考拉海购……几乎都使用了红色，以刺激人们的购买欲望。

黄色象征着阳光，既有光明、灵动的含义，又让人联想到皇权的崇高和威严。同时它又是金秋的主题色，自带丰收的喜悦和欢快。由于亮度高、可视性强，因此也被品牌广泛使用。提到黄色，第一时间想到的两个品牌就是麦当劳和美团。如果说前者还有红色交相辉映，那么后者无疑是纯粹的明黄色拥趸。2019 年 6 月，美团通过官方渠道正式宣布，美团 App 的内页主题色统一变为黄色，此外，由美团衔接起的线下场景也都将全部统一成黄色，包括充电宝、POS 机、共享单车，以及日夜穿梭在城市中的美团外卖员。可以说，美团的"色彩转型"做得极为成功，如今很少有人意识到，曾经的美团主色调是完全不同的蓝绿色。

蓝色和橙色一度成为互联网企业的"通用色"。前者是天空和海洋的颜色，广阔无涯但又不至于过分热烈，为人称道的蒂芙尼蓝,是蒂芙尼最经典的颜色。其实,蒂芙尼蓝原本是一种鸟蛋的颜色。19世纪30年代,蒂芙尼刚刚开业,有客人提出想要更高雅的包装衬托自己预定的珠宝。创始人查尔斯选中了罗宾鸟蛋的蓝色,逐渐发展为蒂芙尼品牌色彩。罗宾鸟,在西方更普遍的称呼是"知更鸟",因为传说的缘故,它又被称作"上帝之鸟",象征着美好幸福的爱情,代表对情人眷侣的美好祝愿。当人们沉浸于优雅别致的蓝色,为爱人挑选蒂芙尼的心意礼品时,仿佛也获得了来自罗宾鸟的美好祝愿。

进入互联网时代,蓝色更成为被众多名企选择的"科技蓝"。从最早期的戴尔(DELL)蓝、视窗(windows)系统任务窗口的深蓝,到脸书(Facebook)、推特(Twitter)的浅蓝,国内的腾讯、人人、支付宝、携程、知乎、优酷……几乎都偏爱蓝色。而橙色其光感明度比红色更高,是介于红色和黄色之间的混合色,被称为最温暖的颜色,有强大的吸睛力,让人感到幸福、美满、活力十足,因此受到生活、购物类平台的青睐,比如极具代表性的"阿里橙"(阿里巴巴、淘宝)、土豆、UC、快手等内容向App以及大众点评、滴滴、摩拜、自如等与日常生活关系密切的服务向平台。上一节重点提到的瑞幸咖啡和连咖啡,用色也正好是一蓝一橙。

最后提一下黑色,乍一看黑色似乎不是那么阳光,还有点孤单寂寞冷的意味,但同时它又自带沉稳和尊贵感,且对比那些明亮活泼的色彩，更显优雅。近年来风靡全球的抖音及其海外版 TikTok，就选择了以先锋的黑色映衬硕大的白色音符。

我常常强调，现在的品牌或许正面临着有史以来最挑剔的一代消费者，这种"挑剔"早已超出追求高质量产品的范畴，上升为对品牌设计和个性理念的审视。当他们在选购商品时，无论是超市的生活用品、直播间的美妆产品，还是网络旗舰店的新款手机，首先一定是"看脸"，第一眼就判定是否符合个人审美，喜欢上外表才有兴趣了解内在。如果连外观和颜色都不中意，对功能和其他属性就完全没有了解的兴趣。毕竟，东西买来常伴身边，足够喜欢和认可才有频繁使用的动力。

想为品牌制造一把称手的认知锥，在三位一体上就要做到一看就透、一听就买、一用就爱，三者合体方能达到秒懂境界，一气呵成打爆认知。我将视觉地位抬高到最快爆的获客之道，就是因为视觉是人类五感中最强大的信息接收器，人们获取的信息中有 83% 是通过视觉接收的。知名营销学家艾·里斯也曾说："尽管语言定位战略获得了成功，但进入心智最好的方法不是依靠文字，而是依靠视觉。"为了在"第一眼"就获得消费者的欢心，被记住甚至被购买，品牌在做视觉传播时，可以依据自身风格选择相应的色彩和形象，但切记要在持续的传播中，不断强化品牌与视觉符号间的连接，建立起强大的视觉认知，以此占据用户心智。

04 符号锥构成要素之三：代言人或 IP 形象

在移动互联网时代，消费者的关注度越发稀缺。邀请明星作为代言人，兼具一呼百应的号召力与高质高量的粉丝，短时间内品牌聚合起强烈的关注度和影响力。也有一些品牌选择自己开发 IP 形象，如三只松鼠等，作为品牌的人格化展现。

早些年的周杰伦 × 动感地带、王力宏 × 娃哈哈都可以被算作是中国最成功的符号锥案例，深深扎入消费者心中。近年经典案例则有：薛之谦 × 肯德基，广告片用了三支冷笑话，以"暴风雨之后没看到彩虹""他为什么不给你的朋友圈点赞""谢谢那些曾经击倒我的人"，将创意点放在"人生是个冷笑话"上，诉求新品冰咖啡冰凉醒脑，传达了"肯德基现磨冰咖啡 冷冷滴上市"新品上市信息；杨洋 × OPPO 手机的《小人国奇幻之旅》，则在小人国世界里塑造了一个暖男巨人的符号锥。

在我们为 Bose 耳机量身打造的品牌焕新战役中，代言人也成为其中重要一环。Bose 进入中国开始的十年，恰恰也是国内房地产行业高速发展的十年。借着这样的"东风"，Bose 进入了高速发展时代。那些被中高端人士买下的豪宅里，往往就摆着一套号称"业界法拉利"的 Bose 音响，一整套售价在 15 000~20 000 元以上。那时候，Bose 给人的印象就是彰显身份和品位的数码奢侈品。广告语"100种卓越科技",打的是核心技术牌。

在这样的背景下,Bose顺风顺水地走过了入华的最初十年,也迎来了每个品牌都绕不开的瓶颈期。十几年间消费者群体也在迭代,主力消费者由70后、80后逐渐过渡为85后和90后。新涌上来的这批年轻人,对Bose的感觉是"无感",他们认为Bose是父母辈用的产品。某种意义上说,"无感"可能比对品牌有恶感还要严重,恶感至少能算是一个深刻的印象,而无感意味着压根就不关心。

是时候针对年轻市场做Bose的品牌焕新了。——现在我们要树立一个怎样的品牌主张?以及,谁来代言?最后我们给出的广告语叫"音该如此",英文"listen myself"。又综合考虑整个大中华区的音乐影响力和热度,邀请年轻群体挚爱的乐团五月天来代言。同时针对年轻群体相继推出无线耳机、随身小音箱等产品。

五月天凭着对音乐梦想的一腔热爱、一身倔强,赢来歌迷几何级数增长。我们也深为这种爱乐的精神所打动,于是将Bose新品的推广与他们每个人坚持追梦、热爱音乐的心路历程相契合。最重要的是,Bose让音乐不再受时间和空间的束缚,让音乐变得无时无刻无处不在,无限自由,这正是对"音该如此"的完美诠释。

五月天的这波代言投放之后大获成功,完全扭转了Bose

在年轻消费者心中的形象，很多人去到商场的 Bose 柜台，点名要买五月天的同款耳机，就连我周围的很多朋友都找上门说想要海报和产品。当然，Bose 收获的不仅是全新的客群，更以蓝牙耳机等细分品类作为流量入口，为其他产品吸引了更多关注。可以说，五月天＝爱音乐＝Bose 的词汇锥＋符号锥，让 Bose 在中国年轻人市场激发出更多可能。

当然，也有品牌干脆自己创造 IP 形象，用一个虚拟的形象为自己发声，比如三只松鼠和江小白。从前的白酒品牌，喜欢彰显历史厚重感，一开口就是千年百年，因此 2011 年"江小白"推出时，颇让人意外。它不仅是个品牌，还是个人物形象——长着一张大众脸，戴副黑框眼镜，看起来有点普通，但这反而更让人有代入感，"人人都是江小白"。很快，它就在业内打响了名声。

还有一种思路，将以上两种结合：品牌直接邀请虚拟人物作为代言人。比如二次元世界中的初音未来、洛天依代言多个品牌，成为新一代 00 后喜爱的符号锥。

2019 年，王者荣耀邀请玩家票选出 5 位人气最高的男性角色云、亮、白、信、守约，组成无限王者团。这支完全由虚拟人物组成的"男团"，不仅演唱了多部影视作品的歌曲，还连续两年担任美妆品牌 M·A·C（魅可）的无限引力官，推出多款联名产品。2020 年 7 月，它们身着 Givenchy（纪梵希）七夕限定系列男士成衣拍摄 SuperELLE 封面大片，碰撞出神奇的未来时尚气息。

最后需要提醒的是，品牌使用代言人无可厚非，但切记不可过分依赖于代言人。这两年流量带货之风兴起，一档接一档的选秀节目涌现出大量偶像明星，也出现了品牌"季抛"甚至"月抛"代言人的奇观，甚至有品牌特地选在"618""双11"等年度促销关键节点官宣代言人，并瞄准粉丝群体设置各种各样的销量解锁任务。长此以往，粉丝群体苦不堪言，品牌形象反而有所损伤。借助代言人声量宣传品牌固然可取，但一定要适度使用，过犹不及。何况从品牌资产投资储蓄角度来说，过度且频繁更换符号锥是对品牌资产的极大浪费，这样做并不能在用户认知中累积资产。

第六章

法则三：打造"体验锥"，实现符号体验化

01 符号最终目的是引发用户去体验

品牌首先要寻找到自己的"定位",也就是价值系统,然后从定位出发利用词汇锥延伸出引人入胜的故事和内容,再将故事中的核心记忆形成符号,最后集中汇入体验系统,实现符号体验化,以体验带动消费转化,持续获得经济收益。由二重感官切入,严格按照这一步骤执行,最终形成品牌自有认知锥,这就是我总结出的认知逻辑。

从词汇锥到符号锥,我们已经为铸就完整的认知锥打下了坚实基础。接下来开始为直接接触消费者做好最后的准备,并逐渐进入实战阶段,由符号体系向消费转化进阶。

体验锥体验系统

产品体验:质量、外观、功能、服务……

推广体验:事件、公关活动、场景、游戏互动……

图 6-1 "体验锥"的构成

体验锥一般可以分为产品体验与推广体验两个维度,这两个维度也必须重叠。产品体验,包含质量、外观、功能、服务等;推广体验,则有场景、事件、公关活动等。创造超出用户预期的、令人尖叫的硬核体验是关键,只有词汇锥、符号锥与体验锥高度统一才能占据市场。

在体验层面上,全球做得最好的应该是维多利亚的秘密了。他们把产品体验和推广体验都做到了极致,成功打通了词汇锥(性感)、符号锥(维密翅膀)、体验锥(产品性感+推广维密秀),堪称"三位一体"。

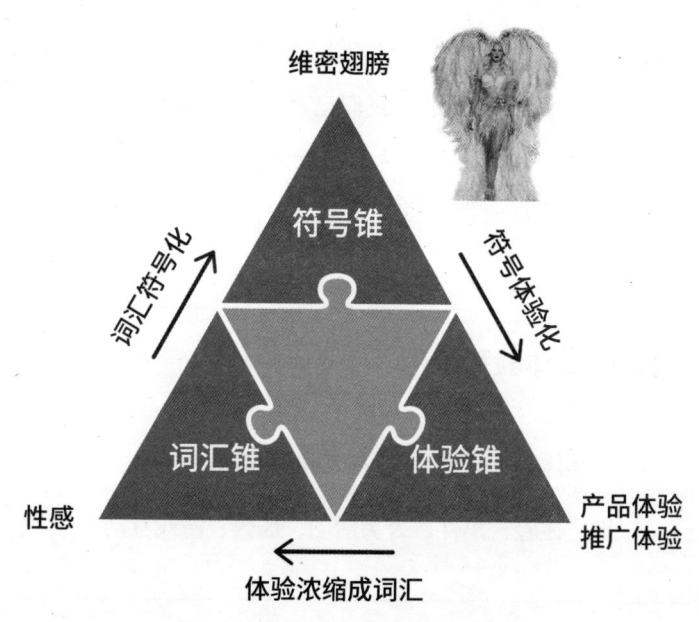

图 6-2 维多利亚的秘密"三位一体"的认知锥

2015年底，腾讯与美国哥伦比亚广播公司、维多利亚的秘密时尚秀版权方三方合作，砸下重金购入维多利亚的秘密时尚秀的版权，成为"维密秀"在中国的唯一视频版权拥有方。2016年，维密秀被全球190个国家和地区的电视台或网络内容平台转播，吸引了超10亿名观众观看。

一个美国连锁女性服装品牌的内衣秀，为何能在世界范围内引发如此大的反响，又为何能卖出天价的独家版权？一切都要从维密的起源说起。

那还是20世纪70年代的一天，维密创始人雷蒙德想为自己的妻子购买一套内衣，可当他进入内衣店后，没有店员上来为他介绍款式和型号，女士们都以异样的眼神打量着他，场面非常尴尬。最后，他只能逃一般地离开了商店。他灵光一闪，这样的窘境全世界肯定不只自己要面对，为什么不能有一个更优雅更友好的店铺呢？

就这样，维多利亚的秘密开张了。维多利亚指的是英国全盛时期的维多利亚时代，店铺借鉴了维多利亚时代的建筑风格，设计成了19世纪的女士卧室，充满繁复的装饰和典雅的花纹，且给顾客以沉浸式的代入感。雷蒙德还特别重视对导购员的培养，要求她们务必亲切和蔼，最后由导购员精致打包。这样的周到安排，使逛内衣店变得从容优雅，甚至成为享受。

进入90年代，维密已经发展为全美女性内衣巨头。但公司如何从美国走向全球成为领军者？维密的 CEO 莱斯利想出了内衣走秀这招，他直接打电话给首席营销官（CMO）艾德·拉泽克说："我们是一家时尚的公司，我们应该办场时装秀啊！"后者还没反应过来，莱斯利就果断地强调："时装就用维多利亚的秘密。"

放在当时的社会环境里看，这个提议实在过于大胆和冒险，毕竟此前从无为内衣举办走秀的先例。神奇的是，公司竟然通过了这个提议，第一场维密秀在 1995 年如期举办，这也是全球首场模特只穿内衣走秀的时装秀，直接引发了巨大的轰动和争议，并被全球媒体接连报道。从那年开始，维密秀成了每年时尚圈的固定节目，影响力节节高升。全球范围内海选超模，请来当红明星助阵，极尽奢华的高定内衣压轴，交织出无限的美艳风情，吸引了超过 180 个国家和地区的观众。1999 年，在号称"美国春晚"的超级碗中场时段，26 位超模穿着维密内衣，身姿曼妙地走入赛场，上百万观众见证了这传奇一幕。从 2002 年开始，美国哥伦比亚广播公司每年都会砸下 2000 多万美元，只为购买维密秀转播权，并在全球多个国家和地区同步转播。

每年的维密秀上，天使翅膀都是重头戏，只有签约天使和极受欢迎的超模才有资格戴上翅膀走秀。因此天使翅膀成为全球女性最渴望的"符号"。这场豪华大秀充分展示出女性的自信和美丽，不仅是产品更是维密"符号"的绝佳展示舞台。维密基本款的价格常年都保持在几十美元，仅以这样的价位，消费者就能获得与秀场上的顶级超模们同样的穿着体验这份"符号"带来的自我满足。

依靠这样的品牌营销策略，维密不仅在美国市场占据了近三分之一的份额，还在全球范围内打出了品牌声量，门店遍布各地大型购物中心和机场枢纽，母公司 L Brands 的股价在过去二十年间更是屡屡飞升。

同样，名媛女士爱 LV 纹饰，精英男士爱 H 皮带成为社会级现象。LV 和爱马仕为何卖得那么好，其符号表达的尊贵调性和门店贵族级体验感高度一致是消费者趋之若鹜的重要原因。用户是来购买和亲身体验这个符号的，注意，符号锥和体验锥之间的重叠度越高，其所获得的财富利润率也会相应提高。符号锥和体验锥是协同效应。符号锥是社交货币，而体验锥就是在愉悦地使用社交货币。

02 三种方式引爆感官体验系统，成功打造"体验锥"

在我长达 20 多年的从业经验中，有三种方式可以引爆感官体验系统，分别是可辨识的碎片化符号、可种草的跟风，以及可沉浸的感官体验。

创造可辨识的碎片化符号

什么叫碎片化,什么又是可辨识的碎片化?马丁·林斯特龙说很简单,你做出来的品牌,从整体变为碎片之后,依旧让人可以辨识,才可真正被称为品牌。比如捡到一片玻璃瓶碎片,如果连孩子也能说出这是哪家的瓶子,那就已经可以被称为品牌了。可乐瓶是为数不多的可辨识的瓶子。同理,捡到一块布料,巴宝莉的苏格兰格纹也是最能识别出来的。拿着话筒的手,一定是"好声音"。所以,苹果、麦当劳、星战这些大牌成功的基因里包含了认知原理。

图 6-3 可辨识的碎片化符号

而可辨识的碎片化,则是符号消费化的基石。这个过程不是一上来就直接面向消费者的,而是在广泛铺开之前最后的自我审视:"我打磨的产品,我设计的店铺,我能够提供给用户的使用体验,是否能达到'可辨识'的标准?"前期工作基本完备,为什么临门还要多此一举?因为在进入市场之后，品牌的可辨识符号资产一定是大于硬件资产的。消费者走进一家超市、一家奶茶店或是一家线下手机柜台，很少是因为想进门店歇歇脚，绝大多数时候，他们就是来消费和体验符号的。想象一下如果迪士尼没有那些耳熟能详的IP，谁还会去那个乐园？如何才能加速他们完成消费，爽快埋单？就要依靠以上几点发挥作用。

试想，如果喜茶的门店摒弃了一切能为顾客提供"品牌体验"的元素，包括品牌名称、仰头喝茶的简笔画Logo，纸袋也是素色空白图案，门店内也没有任何品牌特色存在，甚至连芝芝莓莓、多肉葡萄等产品名都全部还原为直接用原材料拼凑出的"芝士草莓茶""葡萄果肉茶"……这样一家毫无特色、毫无个性的奶茶店，仅仅依靠产品口味和店员服务，能否将自家茶饮的价格推上关键的30元阶梯？说实话，这无异于天方夜谭。

两三个人结伴在普通的火锅门店吃一顿，消费大概在200~300元，但海底捞就可以上探到400元左右。最初爆火时，这样的价位也曾引起"太贵了"的争议。但是海底捞以强大的品牌力、高质量的饮食和体贴周到的服务抹平了争议，专员带路、热毛巾、无处不在的微笑、用餐时间里的添水、下菜、撤盘，服务员不停忙碌着……让人觉得"贵有贵的道理"，不但成功稳住江湖地位，还吸引更多人进店消费。如果把你空投到海底捞，你不看品牌名称，这些服务依旧能让你知道置身于海底捞。

在海底捞赴港上市的招股书中，我们能清楚了解到它到底有多"赚钱"：海底捞平均一家店一天要接待1400名客户，这些客户带来的收入流水在10万~13万元之间（人均消费70~100元），一个店一年收入4000万元左右。如果按照14.5%的息税前净利率计算，那么海底捞平均一家店一年利润600万左右。由此可见，基于可辨识的碎片化符号打造的极致体验创造了高价值。

我们为统一打响市场第一炮的老坛泡椒牛肉面，定位"地道川味"，创造了一个对口味非常挑剔的美食家被老坛泡椒牛肉面征服的故事。刘仪伟扮演的美食家形象、腌制用的老坛和超长筷子，再加上那句地道四川话"硬是要得"，共同组成了老坛系列鲜明的符号群。尽管后来有所拆分，但看到老坛和长筷的简笔画Logo，人们仍旧会想到统一品牌和老坛系列方便面，不仅"高可辨识"，而且同时吃到、闻到地道酸爽的老坛川味，造就了畅销十余年的重量级单品。

2017年初，极美仙恋世界品牌之一——《三生三世十里桃花》上线，仅用两周播放量就突破100亿大关。这部剧建立了宏大的架空世界观，同时剧情跌宕起伏，角色多种多样，某种程度上也让剧集营销更具挑战性。出品方对作品进行了细致研究，最终把传播核心落在了桃花这一至关重要的可辨识的碎片化符号上，即便若干年后只提"桃花"，观众就能秒懂是在说《三生三世十里桃花》。

剧中，十里桃花见证了男女主角的三世情深，剧外则在开播前一周承包繁华的北京地铁 4 号线，车厢外的视效仿佛有桃花片片飘落，而车厢中则全部被粉色海报"包场"，目之所及皆有桃花映入眼帘，引发众多乘客自发拍照分享至社交网络，为新剧开播造势。

开播近半月后的 2 月 14 日情人节，出品方又选取北京核心地段的西单地铁站投放了首个大型实景广告，将十里桃林布置在地铁站里的行人通道上，还特别派发了粉色的桃花签，再次引来众多行人打卡，刷屏各大社交平台，桃花形象与剧集本身完全融为一体，直到每年春天，许多赏花地提及"桃花"，还会套用"三生三世"的概念，可见影响深远。

图 6-4 桃花与三生三世

马丁·林斯特龙曾说："何以为品牌，不是公司自我认知，一定是社会与用户的共同认知和接收才能称之为品牌，否则只是一个商标而已。"品牌一定是属于社会与公众的，碎片化就是考核品牌的一把尺子，品牌只有做到了仅凭碎片化的符号依旧可被大众认知，才能在此基础上引发用户来体验。

利用可种草的跟风

《福布斯》杂志曾指出，打开全球最大消费市场的关键，就在中国的Y世代（80后到95前）和Z世代（95后至00后）人群。在中国这一人群数量已经接近全美人口，他们是伴随中国走向繁荣而成长的一代人，没有体验过缺衣少食，没有经历过战争，因此他们也不像父辈那样节俭度日、精打细算。由于大部分是独生子女，他们成为父母两家财富的唯一继承人。他们比父辈更能赚钱但也更能花钱。

同时，《零售商业评论》也曾给出一个数据，超过70%的中国95后消费者更喜欢通过社交媒体直接购买商品，远超全球44%的平均水平。传统媒体时代，用户信任来自于权威媒体的背书，而在今天的移动互联时代，相比媒体，95后消费者更信任人——KOL等的证言和体验口碑。评价比广告更真实，更具信任感。比如当你找饭店的时候，更愿意去大众点评根据点评决定去哪儿而非百度搜索。

这些年轻人喜欢在微博、抖音、B 站等社交和内容平台吸收大量的消费向信息，从"网红"的好物分享到各种新奇体验晒单，标题类似于"网红好用物大公开""夏天要来了，最经典的 10 款防晒评测"……他们并不排斥甚至喜欢被"种草"（推荐商品）的感觉，只要种草的言辞、商品的颜值或是种草者本身权威到能够打动他们。

微博的一组数据告诉我们，76.6% 的 95/00 后会种草"网红"推荐产品，其中 18.8% 在足够信赖的博主推荐后，会选择"直接购买"；73.7% 的 90 后会种草"网红"推荐产品，其中有 18.9% 在足够信赖的博主推荐后会选择"直接购买"，"闭眼买""剁手"之类词语的出现也很能说明问题。

在这样的闭环中，"网红"绝对是无可撼动的核心位置，一旦对某个"网红"的人设产生了认同和共鸣，他/她的证言就如同金科玉律，你也就有被种草的可能。

除了"网红"种草，圈层种草也是引发消费的重要契机。对于 95 后、00 后甚至是 05 后而言，互联网已经完全渗透进生活和个人领域，他们已经习惯了网络圈层的存在。你很难想象一位"虎扑直男"能和一位"豆瓣文青"坦诚畅聊，尽管他们可能同城、同龄。同样，对追星女孩 A 来说，网络上天天一起八卦追星的朋友，可能比现实生活中的同学更亲近。

当一个个因为共同爱好而形成的圈层坚固成型，圈层内部的相互种草也成为大势所趋，因为他们最懂得彼此的喜好和"雷区"。同一圈层中的人群高度相近，而互联网又给了圈层中的每个个体发声的机会，可以说，他们共享了审美趣味、消费习惯和购买喜好。而在被种草之后的"拔草"（把心仪的东西买到手）又形成了二次的信息传递和分享。今天的消费者越来越不在乎谁是行业第一，谁销量最大，他们在乎的是这些品牌的主张与自己是否一致，能否引发共鸣、凸显自我的品位和个性。

菲利普·科特勒曾表示："如果消费者在购物过程中使用了社交媒体，那么他购买商品的可能性将增加29%，并且使用社交媒体的消费者比不使用的人会花更多的钱。"蓬勃的种草和拔草，还催生了小红书这样的"生活笔记平台"，套用一句经典广告语，小红书就是"为种草而生"。仅2019年一年，小红书用户在平台发布了超过180万篇与国货相关的笔记，同比增长110%，累计获得来自超过4200万人的3亿次分享和讨论，直接带动完美日记、钟薛高等新国货品牌收获忠实用户。

而对于用户来说，由于害怕看不清最新的流行趋势，害怕没有别人都有的东西，害怕不知道别人如数家珍的八卦，害怕错过层出不穷的热点……这个时代信息爆炸、信息过载，结果反而加剧了人们内心的不安全感。在迷茫中，或多或少地开始跟风，虽不能说特立独行，但至少能保证不出错、不掉队。商业哲学家吉米·罗恩对此早已有过经典论断："你就是你平常花最多时间相处的 5 个人的平均值。"

同时，一个有意思的情况出现了，越来越多的新国货品牌出现在年轻消费者的种草单和购物车中，它们甚至都没有开设线下实体店铺，也不用花大价钱打通渠道进驻超市和便利店。反之，大家购买的超市开架品牌则越来越少。飘柔、海飞丝和潘婷加起来，曾占据中国洗发水市场 60% 以上份额，到了 2016 年，三者的联合份额已跌破 40%，年轻消费者不留情面地将这些昔日的金字招牌称为"妈妈用的牌子"。另一组数据对比更加惊人，宝洁集团 2018 年增长的 90%，都来自于那些高端小众品牌和产品。

这就有些奇怪了。难道说在跟风浪潮下，新生品牌反而获得了机会？

确实如此。2017 年，29 岁的美国歌手、演员蕾哈娜与知名奢侈品集团 LVMH 联合创办了个人美妆品牌 Fenty Beauty。后者是 LV、纪梵希等知名品牌的母公司。

蕾哈娜极为钟爱这个品牌，不断利用个人影响力亲自吆喝带货——品牌创立时，她在 Instagram 上已经坐拥 7100 万粉丝。社交网络带来的传播声量病毒般扩散，品牌刚成立几周就实现了 1 亿美元销售额。

注意，这是一个移动互联网时代原生出来的彩妆品牌，没有悠久的历史，也免去了传奇的故事，售价称不上昂贵，气质极为先锋。当它召开线下发布会时，请来的也不是名流巨星（毕竟品牌创始人本身就是全球顶流），而是YouTube的美妆博主和专业化妆师。一切都和传统大牌不同，但又那么对年轻人的胃口。这些在美妆领域颇有建树的KOL，又作为中间人影响了他们追随者的消费选择。

Fenty Beauty的另一个成功原因在于，从一开始蕾哈娜就决定，这个美妆品牌是面向全球所有肤色的消费者，而不局限于欧洲、美洲或亚洲的女性。在Fenty Beauty刚推出时，就创造性地打出了前所未有的40阶多元底色，以便不同肤色消费者选购。"新时代的美"事件营销，成为整个品牌的理念缩影，甚至引发了对美妆行业多元化的热烈讨论。

消息发布仅一个月，Fenty Beauty就席卷了脸书、推特和YouTube三大社交网络平台，成为各大平台上讨论度TOP1的美妆品牌。

2018年，《时代》杂志将它列入年度最佳公司名单，并给出了高度评价："仅用一年时间，Fenty Beauty就掀起了时尚产业的革命。"

审视这个品牌的发展历程，会发现它的出现就已经是一种颠覆。这种颠覆不仅体现在产品、创意上，还包括营销和推广。传统的美妆品牌，每逢重磅新品推出，往往铺天盖地投广告，以一种强大的姿态争夺消费者的目光，借助类似"广撒网，多捞鱼"的做法让品牌找到它的人群。但Fenty Beauty从一开始就不打算走这条路线。

作为全球时尚潮流界的知名偶像，蕾哈娜本身就极具个性，足够为品牌带来大量关注，在传播上则借助 YouTube 的博主带动他们已经建立起影响力的人群，从亮相、种草到消费者下单，这一过程几乎全部在线上完成。用典型人群去影响同类人群，这是一种更高效的、从中心向四周的"跟风式"扩散。

和 Fenty Beauty 几乎同时崛起，国内美妆品牌完美日记的道路与前者既相似又不同。如果说前者的成功建立在蕾哈娜个人名声在外的基础上，那么 2017 年上线天猫旗舰店的完美日记，就完全是在"种草"和"跟风"领域开辟了国内美妆全渠道营销先河——

诞生不久就入驻"种草大本营"小红书，并以小红书为主阵地，通过海量投放+素人种草，迅速累积起超 10 万篇笔记，吸粉近 200 万。铺垫好基本的用户数据，以素人推广增加用户信任，再往抖音、微博、B 站、微信公众号等平台同步投放，并邀请大量腰部和头部 KOL／达人产出具备参考价值的种草帖子／种草视频，在极短时间内强化用户认知，引发跟风式购买。

积累的声量达到一定程度时，完美日记又邀请欧阳娜娜、林允、张韶涵等女星背书并向用户推荐产品，"爆品"进一步助长品牌声量。不仅如此，完美日记还充分挖掘私域流量，通过微信社群运营，累积起大批乐于第一时间接触新品信息、参与优惠活动的忠实用户。

与"明星影响消费者"的传统打法不同，完美日记玩的就是自下而上，前期绕过明星，直接让用户发声，后续再根据品牌的发展阶段，启用赖冠霖、朱正廷等青春偶像代言。在2019年1~11月天猫彩妆销售额TOP20品牌中，完美日记以超过15亿的成绩夺冠，不但较前一年实现了303%的爆发式增长，也成为首个夺得天猫双11彩妆销售冠军的国货品牌。

Fenty Beauty和完美日记，两个同在2017年上线的品牌，仅用短短三年时间就取得了耀眼成就，它们的进阶之路与以往大牌实在太不一样，完全是一种迅速、有针对性的"闪电战"，极短时间内用社交声量包围目标受众，以"跟风"施加影响，最终引爆体验消费。

所谓的"种草""拔草"就是移动互联时代最实效的体验锥。移动互联网时代极大地缩短了消费路径，"买它""亲测有效"，从种草到拔草可能就是几分钟的事，由此引发剧烈"跟风"同样并非难事。

打造可沉浸的感官体验

引爆符号消费化的第三种方式，就是打造可沉浸的感官体验。互联网时代成长起来的消费者越来越重视所谓的"体验感"，品牌们也开始通过品牌特性与产品设计风格等多维度分享传递给消费者。具备高质量的视觉符号与听觉符号之后，还差临门一脚——需将它们集中汇入体验系统。

《体验经济》一书中，约瑟夫·派恩（Joseph Pine）曾做出这样的诠释："体验经济是一种以消费者为中心，以商品为道具，以服务为舞台，创造能够使消费者参与、值得消费者回忆甚至感动的消费体验。"而做沉浸式的意义就在于，通过特定场景的塑造，将优质的品牌认知符号集中汇入体验系统，让消费者不仅作为品牌信息的接收者、产品的使用者，更能成为参与和互动者，这就是沉浸式的意义。

随着新一轮消费升级的到来，人们越来越注重生活的品质化、多元化，品牌们也希望能营造出更具新鲜感的消费体验。从沉浸式主题店到沉浸式餐厅，包括曾经大火过一阵的快闪店，同样是以沉浸式的方法集中呈现品牌风貌。肉眼可见，越来越多的品牌和企业开始将视线落在沉浸式体验营销上。

那么，怎么玩好沉浸式，以此引爆符号消费化，真正作用于消费落地？务必把握好场景化、故事性和高颜值这三大要素。

1. 场景化

场景是沉浸式的载体。"沉浸"对应"容器"，一个较为封闭的场景，就是品牌做沉浸式营销的容器，其他的故事、互动、体验，都在场景中发生。最典型的场景化当属宜家。

创立于1943年的宜家，是全球最大的家具家居用品商场，使用完全的场景化、沉浸式营销。在商场区域中，宜家往往会搭建起大量风格迥异的样板间，包括客厅、厨房、浴室、卧室等，并进行精心布置。当然，所有的物品本身也是宜家售卖的商品，将它们一一置于生活化的场景中，比悬挂在货架上更能激发人们的购买欲望，借助场景，宜家直白地告诉消费者，物品A有什么用处，如果买回家可以放在哪里。宜家还主张让消费者直接体验，不论是抽屉、柜子、床垫还是沙发，你都可以拉开柜门或直接躺上去试睡，之后再决定是否购买。可以说，宜家的卖点就是创意和体验感。

　　宜家的沉浸式营销，还体现在店员不会主动为消费者提供服务。他们认为，只有顾客才知道自己最想买什么、试用什么和需要什么。在他们漫步宜家、享受家一般轻松愉悦的氛围时，店员频繁地上前反而是一种干扰。当然，如果遇到消费者问询和求助，他们很乐于给出回应。此外，宜家还设置了自助餐厅、咖啡厅和儿童活动区域，在如此开放、悠闲的环境中，消费者很容易就产生强烈的信任感和舒适感，选购商品也成为一种享受。

　　对当下众多互联网和科技品牌来说，寻觅和营造适宜的场景成为挑战，因为它们本身拥有的线下独立店铺数量不多，即便有也类似于产品旗舰店，主要起展示陈列作用。

　　我印象很深的一个案例是，在P20系列手机上市前夕，华为曾在8座城市选择了8家24小时书店，玩了一波营销活动，这些书店里包括北京 PageOne 书店北京坊店和上海大隐书局。作为领先的科技厂商，却选择了文青挚爱的书店玩沉浸式营销，实在令人意外。

其实，选择 24 小时书店开展活动，恰是因为华为精准定位了目标群体：热爱阅读的文艺人群，并和产品的夜拍功能进行了有效的结合。P20 系列手机主打的就是强大的夜景拍摄实力，它能够拍出更加清晰的夜景，可以说是点亮了城市之光；深夜的书店为城市点亮了一盏灯，是另一种形式上的"点亮"，二者相得益彰。

在 24 小时书店温馨、静谧又颇显文艺的氛围中，手机夜拍换咖啡、深夜故事分享会等环节有条不紊地展开，成为夜间的城市中一处特别的存在。实际上，"24 小时书店"这个设定本身就是充满故事性的场景，吸引人想前去一探究竟。

从传播策略的角度说，这次活动经由科技和阅读两大圈层内的传播，最终变成了一次社交事件，只为倡导人们去关注和发现夜晚的美好。厂商一向冷硬的"理工男"形象也为之一变。

2. 故事性

做沉浸式营销，切忌做成一个空壳。有故事、有意义的场景更惹人爱，感官和认知相结合的场景，更让人有代入感。

"沉浸式"概念最早被提出，就来自于浸入式戏剧。后者最具代表性的作品当属《不眠之夜》(Sleep No More)。在其发源地纽约，想要观看一场需要提前大半年订票，而上海麦金侬酒店是其在亚洲的唯一驻演地点。

麦金侬酒店的前身是北京西路上的一栋五层老式办公楼，在《不眠之夜》被引进中国后，它就被改建为专门用来安放这部戏剧的"容器"，并得名"麦金侬"。制作方特地在美国购置了各种古董家具、灯具、地毯、浴缸、旧书、旧报纸等器物，整整装了7个集装箱运到上海，只为在这五层空间中，最大化地还原戏剧的原作背景（设定为莎士比亚的戏剧作品《麦克白》）。

和传统的舞台表演不同，《不眠之夜》的表演发生在整栋酒店里，观众在入场之前，需要戴上白色面具表示成为"隐身"的幽灵，然后跟随着众多演员前进、上下楼、不断展开追踪，旁观一个又一个情节的发生。你可以尽情选择你想看的部分，而回避那些难以面对的情节。你可以在酒吧里喝酒，也可以搭乘电梯，进入酒店的客厅、餐厅、卧室……作为观众的你，完全浸入了这座酒店之中，从你踏入的那一刻起，一个独属于你的故事即将上演。它之所以能在世界范围内引发观剧狂热，正是基于深度沉浸的体验与丰富的故事内容。

从品牌塑造和IP营销的角度看"故事性"，环球影城乐园直接以主题内容划分区域。在北京环球影城已经曝光的概念图中，能看到"马达加斯加""怪物史莱克""哈利·波特"

"侏罗纪公园"等经典大 IP 的主题园区，从国王十字车站 $9\frac{3}{4}$ 站台，到霍格沃茨的标志性城堡，再到怪物史莱克王国。当游客徜徉其间时，脑海中自然会浮现出故事里的人物和场景。同理，上海迪士尼乐园的爱丽丝梦游仙境迷宫、巴斯光年星际营救和奇幻童话城堡也都属于故事性超强的沉浸式设计。

3. 高颜值

如果说场景化提供载体，故事性提供内核，那么高颜值提供的就是最直观的视觉吸引。

争议满满的"丹佛街集市"（Dover Street Market），在品牌视觉设计上表现可圈可点。其曾在不同城市开了多家高颜值主题店，每家主题店和不同艺术家合作，没有两家是相同的，ROCK、COOL、INSPIRATION、ZEN、DESIGN，每一家店都是一个灵感诠释的过程。既各自独立成为沉浸式的空间，又联合起来放大了其作为时尚地标的影响力。

坐落于上海思南公馆 35 号的"楽岛"咖啡馆，外壁是纯净的灰白，门头采用典雅的黑色，可一旦推门而入，就会发现别有洞天。店内大量使用了圆弧和曲线元素，如海水的波澜，又像跃动的音符，特别配置的可切换红蓝灯箱平添了浪漫。此外，店里还设计了一套交互系统，如果有人坐在三个悬挂着的"音感器"下方，感应器会自动播放音乐。另外墙上还有一块乐评大屏幕，消费者可以使用店里的 iPad 记录心

图 6-5 高颜值的楽岛咖啡馆

情并"上屏"。

家电品牌九阳联合人气卡通形象 LINE FRIENDS，在南京开了一家萌潮厨房主题店。整体的明黄色调，活泼轻快、可爱元气，还有布朗熊、可妮兔、莎莉等人形玩偶与消费者亲密互动。店内售卖的产品，大多也是两大品牌的联名款，深度融入 IP 调性，将萌系风格发挥到最大化，既吸引了大量的年轻消费者进店选购，也给九阳品牌注入了新的活力元素。

某些情况下，高颜值甚至成为品牌投身沉浸式营销的底线——如果你的品牌实在是毫无故事，也没什么有趣内容可以安置，那么至少要做到把线下空间设计得好看。曾经在三里屯的核心区域，几乎每个月、每周都能看到不同品牌开出的快闪店，颜值不可谓不高，除了缺乏更深的记忆点，纯粹作为"网红"打卡的背景墙确实非常合格。不得不承认，这真是一个"看脸"的时代。

03 创造店铺品牌资产，不能等

在这章的最后，以喜茶为例，详细分析一下所谓的"店铺品牌资产"。喜茶的成功已经毋庸置疑——从2012年开在广东小城江门的街边小店，截至2019年底已在北上广深等43座城市开出390家门店。根据喜茶官方公布的经营数据，仅仅喜茶Go小程序2019年全年就新增了1582万用户，小程序用户总数达到2150万。其直接接触消费者的，除了产品就是店铺本身。

人们在分析喜茶成功的原因时，常从品牌和产品角度入手，譬如坚持用100度高温水冲泡底茶，再以60秒高压萃取。喜茶还首创了芝士奶盖茶这一品类，并成功开辟了冰激凌、酸奶、甜品、面包等产品线。从视觉设计上，Logo创意主要来自古希腊、古罗马货币，货币上所有人都是同一张侧脸，所以这张侧脸能代表所有人。

可如果你对喜茶门店仔细观察，不难发现其店头和外墙的设计都走极简风；标准店的店内风格完全统一，使用黑白灰经典色彩设计，搭配木制家具。这种充满现代简约设计的装修风格，让人感到轻松、惬意但并不廉价。

同时，喜茶还很善于运用道具来强化品牌特征。在制茶区有一长排的茶叶陈列设计，为的就是诠释喜茶的茶文化。要知道，喜茶的那款"金凤茶王"，并非天然原生茶叶，而是由多种茶叶经过累次拼配而来，他们也乐于展示自己使用的茶叶及背后的茶山。这样的氛围中，自然会强化消费者对"茶"和"喜茶"的认知联系。

喜茶由广东北上，刚进入上海和北京时，最典型特征就是饥饿营销。不管何时何地，店铺门口永远大排长队，产品相当抢手，越是如此，许多消费者便越要排队，非得喝到了才"安心"。而因为已经排队许久，即便消费者觉得不好喝，也多不会轻易晒出。最后强调两点，一是要把社交特征门店形象变成消费者愿意自发传播的社交货币，此外，喜茶一直在开发小程序，力求提高复购率。

以上所有，从"喜茶"的字体，到抬头喝茶的Logo，再到店内的色彩搭配和道具陈列，都是立足喜茶品牌定位创造出的店铺品牌资产。不要小看店铺的作用，这样的一家店每开一家，就意味着品牌多了一个固定、鲜明的广告位，即便只是路边简便的小店，也可以运用一些明快的颜色吸引注意。借助形形色色的符号，借助更有用的记忆点，以沉浸式的手段创造店铺品牌资产，这对触角蔓延至线下的品牌而言，宜早不宜晚。

第七章

三锥合一，才是认知的无冕之王！

1997年，乔布斯回归苹果。当时他说了一句话："产品人不能被营销人打败。"什么意思？他认为当公司不再由产品人而是由营销人推进，这种情况是最危险的。乔布斯说出这句话，毫不意外。这和他的经历、他所奋斗的领域息息相关，毕竟他一生的信条就是聚焦产品，整个硅谷大环境也崇尚"产品挑选人"。在那里大家公认，如果一家新公司的首个产品没有成功，那么这家公司必定失败。

　　放到现在，产品人和营销人不再是水火不容的关系。二者强强联手，才是最和谐的状态。想做好营销人，请先成为一名合格的产品人，不仅充分了解你的产品，更能考虑怎样从用户需求入手迭代你的产品，由此又能怎样切入做营销。这是我理想中"认知锥持有者"应有的素养。我们已经分别了解了词汇锥、符号锥和体验锥，但最重要的——三者重叠一点，"三锥合一"才是认知的无冕之王。

01 不重叠，就会被黑暗淹没

最可怕的是不为人知

可口可乐的前 CEO 道格拉斯·达夫特有一句名言：如果可口可乐在世界各地的厂房被一把大火烧光，只要可口可乐的品牌还在，一夜之间它会让所有的厂房在废墟上拔地而起。

这充分反映出，作为企业的领导者，他对自己的品牌多么有自信。同时这句话本身也包含了双重含义：一是品牌就是可口可乐最重要的资产；二是消费者对可口可乐品牌的认知，比公司生产的饮料更值钱。例行假设一下，如果一罐可口可乐去掉了所有可识别的品牌标识，那么它一定卖不到现在的价格，甚至可能都无法吸引消费者购买。

之前我们已经提及，可口可乐是怎样做认知重叠的。我们也已经知道，大多数成功的品牌都是建立在认知重叠的基础上，它们都打造出了属于自己的认知锥。那么在今天，没有认知锥的品牌，会发展成什么样子？

如果时光倒流 100 年、50 年或是 20 年，做品牌的认知重叠都不会像今天这么重要。为什么？因为 100 年前、50 年前和 20 年前的消费者，他们整体的生活节奏远不如今天这般急迫，他们所需要面对的消费项目也不像今天这样种类庞杂。换言之，今天的消费者更加不能容忍自己的时间被浪费。不妨大胆断言，在当下，如果你想从零开始做品牌，但又不做任何认知重叠、打造认知锥，可能会被"黑暗"淹没。

上文我曾提到一个概念叫"认知的魔咒"，一旦你了解了一件事情或者一个品牌，你就没有办法装作自己不知道它，甚至会觉得大家已经像你一样了解它。可事实上，作为企业经营者了解自己的品牌，是一切工作展开的基础，但是消费者却没有义务去了解你的品牌。即便你努力地传达出信息，他们也没有全盘接受的义务。人只会对自己感兴趣的东西付出更多的耐心和时间，这是亘古不变的真理。

我提出认知锥、三位一体、感官重叠……一切都是为了尽可能地消除品牌与消费者之间的隔阂，搭建起双方沟通的桥梁，最终成功破解认知魔咒。但比这个魔咒更可怕的是，品牌完全被"黑暗"淹没。苏东坡曾留有名句"万人如海一身藏"，意即北宋都城人海茫茫，隐居其间反而容易。放在今天，如果品牌不做认知重叠，很容易就会被埋没于"人海"。做品牌，最可怕的是不为人知。

四个挣扎出头的"年轻品牌"

梳理最近几年的商业纹路，会发现2016年是一个很神奇的年份。从这一年开始，许多完全为年轻群体打造的品牌开始涌现，其中不乏一些创立时间更早的品牌，在这一年之后也剑露锋芒。在这一节中，我选择了几个典型的"年轻品牌"，它们在面向用户做品牌认知的时候，都或多或少地在做"三锥"。

1. 新世相：不是机票，是梦想

新世相发起的"逃离北上广"绝对是2016年营销圈的一个重大事件。这是它和航空管家App联合举办的一次活动。只要在新世相微信公众号后台回复"逃离北上广"，就能获得这三座城市的集合地点。如果你成为前30个赶到指定地点的人，就能够获得一张目的地确定的机票，只是你自己并不知道你会去到哪里。仅仅过了半个小时，这篇微信推文的阅读量就已经突破了10万，三个小时突破100万，带动整个公众号涨粉10万。在2016年，这样的传播效果是相当惊人的。

图 7-1 新世相"逃离北上广"活动

其实航空管家希望让消费者接收到的信息无非就是，使用这个App，你可以来一场说走就走的旅行，可以去到想去的任何地方。就在前一年，那句"世界那么大，我想去看看"在网上一夜爆红。

如果从这个概念下手，我们大概可以想象出这会做成一个怎样的作品，也许是拍摄一支品牌广告片，内容就是主人公远离繁忙都市，去到某个热带岛屿尽情享受自己的假期——这是所有和旅游相关的企业最容易想到的思路。但新世相没有这么做，它想呈现出来的不仅是一支片子、一句广告语，而是希望能直接做出一场社会化事件。显然，它成功了。在轰轰烈烈的"逃离北上广"活动中，航空管家收获了巨大的品牌声量。

那么，它在活动传播的过程中是怎么做认知的？首先选择了一个公域概念"逃离北上广"作为切入点，而不是选择无中生有，凭空生造。这个概念在北漂、上漂和广漂人群中都已经流传多年，并不是第一次被提出，但确实是第一次被用来制造品牌声量。所谓"逃离"本身就是一个悖论，因为这些年轻人当初并不是被迫来到大都市的，初来乍到之时无不心怀希望、踌躇满志，就像《高老头》里的拉斯蒂涅面对万家灯火的巴黎，大声喊道："巴黎，现在让我们来拼一下吧！"只是在经历了数年甚至数十年的发展后，决心要离开而已。但离开之后去哪里呢？直接回老家吗？其实心里也未必清楚，但无论如何也要离开就对了。

新世相这出"逃离北上广"的设定就很符合这种心态。在整个活动过程中也在不断加深这样的体验——人们只需要努力到达指定的地点就行，具体飞去哪里、完成什么任务，自然有人安排。成功参与的人，会得到特制的登机牌，上面写着目的地和设定好的任务环节。无疑，这又是一份绝佳的传播素材。

这场活动从发起就是直指人心的。即便人们可能会因为不在北上广，或因路途遥远、需要上班等原因无法赶到机场，也会惯性地保持对活动的关注：最快抵达的 30 个人是谁？他们都被安排飞去了哪些城市？分别需要完成怎样的任务？在旅途中又会发生怎样的故事？发展到这一阶段，活动的话题性早已突破了"北上广"，直接向更广阔的圈层渗透。"逃离北上广"五个字，确实是一个非常精彩的词汇锥。

2. 小红书：讨好你的用户

如今，小红书已经成为许多品牌投放营销的重要渠道之一。实际上，早在 2013 年底这个品牌就已诞生，但要说广泛出圈，还得追溯到 2015 年、2016 年接连两年的"男模"营销。

2015 年 6 月 6 日是小红书的首次周年庆，这天，在上海中心地段的 SOHO 复兴广场，一群高大帅气的欧美男模向经过的女生送出进口护肤品，在征得女生同意的情况下还上演了

"公主抱"。在颜值、男模等关键词的刺激下，这一事件在社交平台上迅速传开，与此相关的微博话题阅读量火速突破千万。借由这场稍显"出位"的男模营销，小红书日新增近 300 万用户，销售额达 5000 万。3 个月后，正是大学开学季，小红书乘胜追击，选择了全国 5 座城市的 12 所高校举办"校草"快递活动，果不其然在女大学生群体中又引发了追捧热潮。

到了两周年庆，也就是 2016 年 6 月 6 日，小红书延续了这一思路，但是换了种玩法，从线下转移到线上，找来一群年轻男模办了场 12 小时超长直播，从早上 10:30 一直持续到晚上 22:30。直播在 B 站、映客和美拍三大平台同步进行，几乎每处都人气高涨、气氛火热。同时还有 10 张品牌态度海报被铺在北京、上海、广州、深圳、南京等全国 25 座城市的公交站台，占据主要画面的依旧是外国年轻男模们。在这样猛烈的营销攻势下，微博"# 小红书庆生趴 #"话题阅读量直接破亿。

百度指数给出的用户画像显示，作为一款主打购物分享的 App，搜索"小红书"人群的女性占比高达 58%，明显高于男性。很显然，这个营销思路完全是基于平台海量的年轻女性用户，属于对目标用户的"精准打击"。事实证明，这些操作尽管引起了一定争议，但确实有效。

注意，这里同样存在重叠的效应。直播本身就是从视觉和听觉双重角度对用户进行全方位的轰炸和包围，尤其针对女性用户，选择了"鲜肉男模"这个十分有效的"词汇锥"，诱惑力十足。在直播过程中，小红书品牌时髦、自信、幽默的精神也被传递给观众，不仅立起了品牌调性，还在女性用户当中形成了巨大的传播声量。

这又要回到之前提出的一个观点，你一定要想明白你的品牌是做给哪些人的，首先一定不是所有人，其次怎么做对你的目标人群更有效。

3. 喜茶：当排队成为品牌体验的一部分

许多人第一次听说喜茶，往往伴随着"排队"的形容。2017年喜茶正式从珠三角北上扩张，先后在上海、北京开设分店，一时间门庭若市，门店门口永远大排长队。当时喜茶在上海开的第一家店，开业首日卖出了近4000单，是茶饮行业平均水平的20倍。

"排队"成为喜茶最显著的符号，也能够说明很多事情。首先我刚才说了对于当下的年轻消费群体来说，最重要的东西就是时间。如果说他们愿意为了一个东西去付出大量白白浪费的时间，那么这个东西就是有价值的，至少落在旁人眼里是有价值的。

其次，当时喜茶一杯饮品的价格已经直逼30元，但是依然有这样多的人追捧，甚至当时还出现了专门在店门口帮人排队的黄牛。那时我的一个朋友在做这一类的消费调查报告，他亲自选择了北京的一家喜茶门店去体验，想看一看到底要排多久才能喝上一杯喜茶。那是一个工作日的午后，他整整排了 1 小时 20 分钟。

在排队的途中，他也在对周围的人群进行观察，发现大家都是自发前来排队，有人一边排队一边打游戏消磨时间，有人拍着排队人群的照片，甚至还有人一边排队一边和朋友做现场转播。但是无论他们在排队过程中做了什么，当他们最后拿到饮品的那一刻，第一件事绝对是拍下照片，美化图片上传到各大社交平台。

关于喜茶的视觉符号，我们之前已经做过种种分析，这部分我重点想说一下排队这个问题。对其他许多商家来说，排队可能并不是一个那么积极、正面的事情。尽管排队意味着门店很火，但也意味着延误了商机。但是对喜茶来说，排队本身就成了消费体验中的一部分。如果你不排队就买到一杯喜茶，确实很幸运，但不排队就买到的喜茶是不香的。

4. 网易云音乐：被玩出花的 UGC

网易云音乐的 UGC（用户原创内容）一直都是平台特色所在，甚至还有人说看歌曲下面的评论才是点开网易云音乐的真正目的。他们也深知自己的竞争优势在哪里，并想办法加以利用。2017 年 3 月，网易云音乐与杭港地铁合作，打造了一条"乐评专列"，从整个后台乐评库中精选出来 5000 余条乐评，直接铺满了杭州的1号线车厢以及江陵路地铁站。从3月20日到4月16日，近一个月的时间里，这趟专列一直被网易标志性的红色覆盖。

被选出的乐评内容各异，有的关于爱情，有的关于友情，也有的只是关于简单平淡的生活。"最怕一生碌碌无为，还说平凡难能可贵。""不在一起就不在一起吧，反正一辈子也没多长。""你别皱眉，我走就好。"在每条乐评的下方，专门标出了评论者的ID以及相对应的歌名。

说起借助地铁做营销的品牌，网易云音乐并不是第一个，国内之前就有亚马逊在上海人民广场地铁站做的"千书随行"等优秀案例。但是，这波乐评专列的社交属性可以说异常强烈，在微博、微信等社交平台上造成了巨大轰动。专列开出仅三天，网易云音乐就直接飙升到苹果App store中国区音乐版榜首，甚至在短期内带动了一大波品牌投放地铁广告，也让许多品牌将营销目光落在了平台UGC内容上。

很显然，在强力触及用户、坚固品牌认知的过程中，网易云音乐也实现了多种感官的叠加。首先体现在视觉层面，网易标志性的红色叠加纯白色的粗体文字，以强烈对比吸引用户视觉；平台原生、内容极富感染力的乐评内容也引发了用户的阅读兴趣。其次是听觉，尽管车厢内并未播放对应的全部音乐，但在乐评下方标注出歌名，潜移默化地让乘客们开始回想音乐的旋律——毕竟其中大部分歌曲大家都耳熟能详。最后，从视觉上的冲击、听觉上的联想，再到整个地铁车厢的封闭环境，整体形成了一个沉浸式的体验场景，身处其中的乘客很难不被触动，也自然会体验到品牌方所推崇的"音乐的力量"。

四个品牌的故事就到这里。接下来的一节将详细叙述，我是怎样运用认知锥打造出《极限挑战》"男人帮"、《偶像练习生》你我贷、大都会人寿品牌认知建构等倍增级实效案例。

03 用认知锥打造倍增级实效

在20多年的从业生涯中，我对认知锥这套方法论进行了反复的探索、提炼和实践，也运用这套工具打造了多个现象级案例，包括娱乐营销领域五大现象级案例：东方卫视《极限挑战》收视全国第一；东方卫视《欢乐喜剧人》在众卫视中打出差异化第一；东方卫视《喝彩中华》，深挖政策题材，传颂优秀传统文化；爱奇艺超级网综《偶像练习生》赞助合作双赢；电视剧"三生三世"系列品牌。在品牌建设领域，我带领团队与大都会人寿保持长期稳定的品牌策略产出，更助力西门子家电向整屋家电进化。

我一直希望能够突破传统模式，为品牌和节目提供真正的基于互联网思维的爆款传播模式。我所创立的夏逸营销热店，是迄今为止唯一将前端市场进入策略咨询、消费者研究、竞争分析、跨界策略解决方案整合用于节目内容的专业机构。我和团队通过对行业大数据分析、消费者研究解读、品牌规划和数字媒介策划的透彻分析来实现这一目标。

这些精彩案例背后的爆发原点，都是源自认知锥方法论——三维一体的品牌叠加系统。视觉记忆、听觉记忆、体验记忆三维合一，叠加运用，爆发出 10 倍于传统品牌打造方法的实效，将命名、符号、角色、风格、影音、场景一体化管理，重复积累品牌资产及授权衍生，帮助客户真正降低认知成本，高效完成信任与转化，快速打造品类第一。

1. 制造《极限挑战》"男人帮"

2015 年我们与东方卫视合作打造了两档现象级节目，《极限挑战》与《欢乐喜剧人》先后都获得了全国的收视第一。《极限挑战》连续多年持续火热，《欢乐喜剧人》第二季继续蝉联收视冠军。从《极限挑战》的观众解读、大数据分析、节目定位等，到最后的视觉方案和传播建议都出自我们团队之手，爆款综艺背后有我们团队的汗水和泪水。

回想那年是综艺史上竞争最激烈的暑期档，光是上星综艺就达 30 多档，包括《奔跑吧兄弟》《爸爸去哪儿》等其他平台的王牌综艺。当时，《极限挑战》只是一个初生的"婴儿"，幕后导演团队也是首次制作真人秀节目，却取得了极为耀眼的收视成绩：从 6 月 14 日到 9 月 20 日，节目共播出 12 期，收视率全部破 1，有 9 期都位居 CSM50 城市网收视榜首。通过复盘这档节目的成功之路，可以发现"认知锥"的身影。

精准定位——节目创立之前那几年，欧美或日韩模式真人秀可谓遍地开花。东方卫视首先厘清思路，把握住大趋势，那就是日韩类节目中饱含的温情风格和人际交流更符合国人的口味。《极限挑战》节目的拍摄手法、大型场地的利用和转场、任务游戏的模式、剪辑和字幕手法吸取了韩综的优点，节目的剧情背景设置和任务的发布则借鉴了日综风格，并结合中国观众的爱好设计每期的主题和情节。

所以说，《极限挑战》不能被简单定义为一档纯韩综或纯日综。它吸收了多家的优点，博采众长，最终形成了自己的风格和观众定位。这整个过程都是在市场化思维的指导下进行的，分析收视率确定观众喜好的大方向，再通过小众化、专业化道路，锁定一部分受众和收视习惯，构建节目的基础"忠粉"，在此基础上迎来"自来水"和观众的爆炸式增长。

"三锥合一"——在极限男人帮正式成军前，在大型户外竞技真人秀节目这个品类里，我们已经调研出竞品的词汇：《爸爸去哪儿》=亲子、《奔跑吧兄弟》=撕名牌。而《极限挑战》何去何从，占据怎样的一个词汇，从而做到差异化？《极限挑战》异军突起源于一个全新词汇锥：中国首个"男神天团"，差异于其他综艺的男女或者亲子混搭。"纯爷们"彰显了6位明星嘉宾超强的艺能天赋和人格魅力,也体现出节目角色设定的成功。嘉宾们在节目录制过程中也在极力凸显自己的设定形象,包括"极限三傻""极限三精""神算子""颜王孙""小绵羊""大松鼠"等标签。

这些朴实而接地气的标签不仅对节目中的明星精准定位,让他们有了表现和发挥的基点,也极大地拉近了明星和观众间的距离,让初次收看节目的观众也能迅速厘清人物关系。同时,我们还借助字幕和明星之间互相称呼的"外号"作为词汇锥和符号锥,不断强化这些定位,又从明星表现力的体验层面向观众施加影响。也许有些观众之前不太关注明星,也记不全所有嘉宾的名字,但提到相应的外号,脑海中就会浮现出人物形象,这才是真正的"深入人心"。

用做产品的思路造角色,形象区分只是第一步。嘉宾们需要个体定义,更需要群体定义,因为这是一个固定的班底,在这个基础上加入其他来"串门"的飞行嘉宾。于是我们开始分析,在传统的家族式整体定位之外,还有没有其他可切入的点来包装6位男明星?每一档爆红的综艺节目都需要一个符号锥,比如《奔跑吧兄弟》中,最具代表性的符号锥毫无疑问是名牌。那么在《极限挑战》中,我们创造出一个符号锥就是箱子,看到这个符号,很多《极限挑战》的粉丝肯定都会会心一笑,因为在节目中,箱子出现的频率太高了,从"继承者"到"暗战",再到后来很多游戏中,箱子都是非常关键的挑战道具，串联男神之间的情商和智商。

可以说，正是基于认知锥的"三锥合一"，我们最终策划出了"极限男人帮"，成功打造出中国综艺史上首个男神天团。

2.《偶像练习生》的大赢家

《偶像练习生》可能是近几年最让合作品牌们惊喜的一个节目。开播前，很多人认为这不过又是一档平平无奇的男生选秀，大部分的关注点都落在PD（节目导演）张艺兴、导师李荣浩等明星身上。谁知道，节目首播上线，仅1小时播放量便突破1亿人次，短短3个月这档节目直接蹿红为2018年度超级网综，引得无数"全民制作人"真情实感pick（选择）选手奋力投票，更"孵化"出蔡徐坤等新一代流量新星，合作品牌亦借此获得了极高声量。作为节目首席特约赞助商的你我贷也从默默无闻到爆火，直接跃入公众视野。

你我贷在和我们合作一年后，成功在美国纳斯达克上市。品牌官方圆先生曾表示："我们的成功得力于通过认知锥的三位合一塑造，以及依托《偶像练习生》塑造了一种品牌颜色、一句品牌口号、一个品牌名称和高热度的用户互动体验，做足了全国市场品牌曝光，让社会焦点快速聚焦，积累产生强烈的品牌印象。"

作为创意代理方，我们专门制作了一支你我贷洗脑神曲，以嘻哈音乐形式，用魔音说唱在品牌与消费者之间迅速建立起印象链接，将"给梦想可能"的品牌主张亮相给消费者。品牌信息简单、易记不易忘就是我们的基本要求，因为当下的消费者根本没时间听品牌讲废话。

神曲在手，我们将品牌色时尚橙、"给梦想可能"的品牌口号和品牌魔音三者叠加，形成了"梦想不等待"的认知锥，并在节目中进行全方位的反复展示，包括中插、口播、贴片等形式，还借由人气选手之口说出，更进一步加深了品牌印象。

在众多网综项目中，《偶像练习生》的全民制作人投票机制，既带有一定的话题性，也提供了品牌与受众最大限度亲密接触的可能。同时，这档节目见证练习生通过不懈努力实现偶像梦想，而你我贷同样在帮助用户更接近梦想。节目本身"越努力越幸运"的价值观也与"给梦想可能"的品牌信念高度吻合。品牌针对粉丝设计了各种各样的互动玩法，包括在 App 内为选手累积人气值获得户外大屏曝光。粉丝推荐一名好友成为新用户并登录可获得 50 人气值，光蔡徐坤就获得了 1200 多万人气值。最终，牵手《偶像练习生》为你我贷 App 带来了近 160 万新增用户，实现了品牌曝光的极大转化。在这些可循环的、由 UGC 和 PGC（专业生产内容）提供的内容传播中，品牌的曝光成倍扩散。

不是所有品牌都需要玩走心的广告，处于不同阶段的品牌面对各自的任务，需要制定精准的传播策略，同样，合作不同项目的品牌，也要找准自己的需求，寻求曝光就加大力度做认知满分，想要拉新就直接上利益点。在做营销这件事上，简单往往比复杂更有效。

3. 这群特殊的品牌代言人

在之前的章节中，我曾提到与大都会人寿的一次合作"爱上杭州的150个理由"，由于效果相当可观，大都会人寿逐步将这个活动复制到全国其他城市，也促成了我们新的合作——为天津大都会人寿打造的"大事业 大视野"营销战役。

众所周知，明星代言是品牌营销的常用手段，但随着明星身价一路水涨船高，想借此吸引更多人（往往是粉丝群体）关注，就必须花更大的价钱邀请人气更高的明星。天价代言费真的能让品牌获得理想收益吗？尤其在招聘这样较为专业、受众面较小的领域，是否有邀请明星代言的必要？

2019年，大都会人寿天津分公司想做一波业务伙伴招募的主题传播。我们给出的策略是，请公司顾问行销渠道的精英伙伴代表来当自家品牌的代言人。这些已经在大都会人寿做出业绩的职场精英，是用户能努力实现的目标。

我们将传播主题定为"大事业 大视野"，以销售精英们为代言人制作了一系列海报（符号锥）。随后，我们将其投放在了腾讯新闻App上和天津营口道地铁站里，以沉浸式的App开屏＋地铁包站体验进一步加深品牌认知，提升目标人群的参与欲和成功欲。

传播过程中，我们也非常重视品牌人设的打造。大都会人寿品牌的人设很鲜明，就是"成功者"，这些以精英员工为主体的海报就是最好的证言。他们面带真诚友好的笑容，展示出振奋昂扬的激情状态，对地铁中匆忙行走的上班族而言非常具有感染力。在活动落地的事业说明会上，前来参与的人选超过800人，现场直接招募到300位潜力新人，从人才数量到质量都大大超过品牌预期。

从"爱上杭州"到"大事业 大视野"，我们与大都会人寿合作的一系列强效案例，背后的爆发原点都是认知锥的三位一体品牌认知系统，以视觉记忆、听觉记忆、体验记忆三维合一，叠加运用，爆发出10倍于传统品牌打造方法的实效，帮助客户真正降低认知成本，高效完成用户信任与转化。

4. 西门子出了本"百科全书"

2020年5月，西门子（中国）有限公司与欧派家居集团股份有限公司就"整体家居嵌入式供电方案"达成重要战略合作。"强弱电整屋解决方案"的战略定位，正是由我们团队为西门子品牌率先提出的。

所谓"强弱电整屋解决方案"，就是将多种不同的电气产品，整合成一个全屋级的系列产品，不仅质量有保证，且能保障全家的生命与财产安全。家居电气是一个包含了众多强弱电产品的大品类。我们发现，80%的消费者非常关注家居用电安全。痛点也正出现在这里，接近60%的用户都不懂电气与电器的门道，甚至压根分不清这两个概念，很多时候都是由家装团队建议购置，质量难以保障，更可怕的是会带来安全隐患。其实电气是贯穿全屋的线路、开关以及中枢的配电箱等，它们是一个"家"里看不见的血管，维持着所有电器的正常运转。

现在，一个完整的商业概念已经成型，但要怎么向C端客群做电气方案认知？依旧是通过认知锥。消费者对品牌的认知，主要就是依赖于视觉、听觉和体验三重路径，实战中我们将这三者叠加，方能实现最优效果。我们在视觉和听觉

图 7-2 西门子"整屋概念"

层面进行围拢重叠，整体打造"整屋概念"的独特认知符号，使用示意强弱电的红蓝两色，共同构成一个房屋状图案，这就是一个符号锥＋"整屋"的词汇锥，旨在体现西门子"整屋保障"的承诺，通过兵力聚焦、单点突破，全面降低认知成本和广告传播成本。

同时，在体验锥维度，我们上线了"整屋一站购"小程序，用户足不出户就能轻松、安心地购买全屋电气产品，带来全新的消费体验。

以上便是我20多年实战经验的案例解读。不过，2019年5G元年开启，新时代带来新玩法、新体验，也加速了认知锥的速率，那么5G时代，企业又该如何更好地运用认知锥呢？

04 5G时代，倍速占据用户认知

5G时代已至，谁能代表"最新生产力"，谁就掌握了未来与财富。回想新世纪走过的二十年，2G时代带来了最初的短信和QQ，3G让微信脱颖而出，4G出现了网络直播和短视频。那么5G呢？新的王者还未出现，但毫无疑问，5G的来临将更大程度上缩短用户对品牌、产品从认知到购买的路径，甚至可能完全颠覆。5G的市场规模可能10倍于4G时代，这

就意味着可能将带来 100 倍增量市场，智能连接的数字化新生态正在形成。

5G 时代品牌营销的五大趋势

首先明确 5G 的两大技术优势：

一是高速度。5G 一秒钟可以传输 3.2G，意味着用户可以每秒钟下载一部高清电影，这样的高速传输给未来的营销载体、业务开展提供了无限的机会和可能。5G 的到来，意味着真正的视频时代的到来，视频不卡顿。大图和视频将成为传播和市场的主角。

二是低时延。5G 可以极大保证及时的信息传递和即时反应，对于自动化产业及 VR（虚拟现实）体验等有更高的推动力。技术的优势一旦体现在品牌认知上，能够与人类视觉、听觉、味觉、嗅觉以及触觉等感官交互的互联技术将会带来一系列变革，并且这种服务将成为普遍现实。借助人工智能（AI）、虚拟现实（VR）、增强现实（AR）、5G 以及自动化技术实现的感官互联会对我们的认知带来巨大的变化。这绝对称得上是全新的技术红利，届时所有品牌都站在同一起跑线，谁能做好 5G 时代的认知应用题，谁就能领跑未来。

5G 时代做品牌营销，我总结出了五大趋势：一切在云端、精准到个人、一切透明化、沉浸式体验和所见即所得。

1. 一切在云端

终端不再担任存储的功能，所有的处理都由云端主机操作，手机上的 App 不再占据多大的容量，而只是通向云端内容的入口而已。手机变成了一个单纯的显示屏和网络连接的作用（这感觉有点像智能电视，纯粹是用来观看内容）。于是，手机本身的内存容量不再重要，即使用存储量很小、数据处理能力很低的手机，也可以轻松畅玩《王者荣耀》《和平精英》等大型游戏，看超高清的影片。同理，5G 天然具备高速度、大容量、低延时的属性，将使人们不再产生下载和保存的需求，因为在线观看会变得异常方便。

2. 精准到个人

当前做品牌营销，依旧倾向于生成概括性的用户画像，只是不同画像间的精准度存在差异。广告投放也是同理，大部分的投放平台，都是在后台选定投放对象的种种属性，最后取不同选项的交集下发内容。

在 5G 时代，一切将大不相同。5G 是一种毫米波，因此不再会有 4G 那样的大基站，取而代之的是分布密集的小基站，相互覆盖，不留死角。可能在很多物件（比如手机）上都会有一个或若干个芯片，用于收集、传输信息。将来，人们不仅可以精确追踪自己的物流情况，甚至可以了解每一个苹果、橘子（而非一整棵树）的成熟度、多汁性、甜酸度和软硬度。同样，在品牌面前，消费者的需求层级也会被更加细分，在投放广告时精准到个人，做到真正"因人而异"成为可能。

3. 一切透明化

延续第二点的思路，当5G与3D技术相结合，所有人的所有数据瞬间互联、立体呈现。这意味着极度扁平的用户画像可能都将不复存在，取而代之的是一个个密集分布的三维立体图形，消费者的所有数据透明呈现。

4. 沉浸式体验

想获得高质量的沉浸式体验，至少需要具备以下几点因素：高传播速率和更快的连接、传感器、人工智能、眼球追踪摄像头、手势识别等。5G能带来的正是高传播速率和更快的连接，这对沉浸式体验而言无疑是一次巨大的飞跃。一旦接入5G技术，在现实中，我们可以通过VR眼镜、头盔或其他传感器，做到人在家中，却能体验到千里之外的环境和氛围，看演唱会、参观博物馆都不在话下。现在，我们只能通过摄制的照片、视频或者直播间接"旁观"现场，5G时代的沉浸式体验却能让我们真正身临其境。

在房屋中介行业，售楼、买卖二手房屋、租房带看都可以用沉浸式体验来实现，不必再去到现场。人们以后逛网络商城，可能也不必再面对图文页面，而能有真正逛街的感觉。

华为与北斗已经推出河图（Cyberverse）系统，融合3D高精地图能力、空间计算能力、强环境理解能力和超逼真的虚实融合渲染能力，在端管云融合的5G架构下，将提供地球级虚实融合世界的构建与虚拟能力，主打功能包括直观信息获取、AI强环境理解、人性化步行导航、虚实融合拍照、精准定位推荐等。

5. 所见即所得

将5G与AR技术高度结合，购物时只需要手机扫描一下商品，无论是化妆品，还是服装鞋袜，消费者在家就可以进行真人3D虚拟试穿、试戴等体验，且能达到逼真自然的试用/试穿效果，满意便可直接支付下单，减少了拿到货再试穿、不满意还得退货的烦琐流程，实现"体验—支付—物流"一体化。

5G技术对于认知锥的影响

5G时代，做品牌认知的途径一定会大大拓宽，认知锥的核心感官符号叠加依然有效，甚至将变得更为丰富。来看看5G技术将如何作用于认知锥：

1. 更沉浸化的体验

由5G技术构造的立体虚拟世界，将会给人带来真正身临其境的感受。实体店铺的作用进一步被弱化，逐渐变成"纯展示"，比如在服装店，看到合心意的衣服时，只需隔空轻触，就能完成基于个人大数据及 AR 等技术的个性化试衣和更换；而在家居卖场，同样只要轻轻点击，就能领略到地板、壁纸等的实装效果。总之，一切都会变得更省力——这既是科技给人类生活带来的改变，也是提供给营销行业的变革契机。

2. 更真实细腻的触感

就在 2020 年 3 月 16 日，中国人民解放军总医院肝胆外科团队在福建完成了世界首例 5G 远程外科手术测试，由中国移动联合华为提供技术支持。手术过程中，病人的身体器官情况以零延时的方式反馈给医生，而医生的操控也以相对比较快的方式传到给病人做手术的机器手臂。

有了这样的技术基础，可以想见，当 5G 技术发展完全成熟之后，我们甚至可以通过按压智能手机的屏幕，感受到不同材质键盘按钮的形状和质感。同理，消费者在触摸电商页的图片时，也可感知到商品本身的质感。

5G 时代，认知锥的感官叠加将不限于视觉、听觉和体验三重，可能还将加入味觉、嗅觉和触感，这是 5G 带给我们的品牌认知红利，在此技术上实现定位基础上的词汇、符号、体验三者重叠一致，三重感官叠加变为 N 重叠加，不仅秒懂，更能秒售。5G 营销时代，一把更锋利的认知锥即将破局而出。

结　语

认知锥，你学得会

我写下认知锥方法论的愿力是"利他"，希望助力更多中国企业和新国货品牌，在5G移动互联风口上更高效、更经济地获取增长。相对于目前行业重视流量的营销方式，我更追求达成两个满分。满足双百分，才能打爆大单品：

产品满分 + 认知满分 =200 分

认知满分不用花额外的钱，只需要操盘者具有工匠精神。正如《论语·卫灵公》中的那句："工欲善其事，必先利其器。"当2009年我代表中国创意人第一次摘下英国D&AD黄铅笔奖时，站在伦敦的领奖台上，我深深体会到工匠精神带来的认知满分能量。我能囊获全球四大广告大奖就是因为将认知成功做到了 100 分，具体的技巧其实就是一句话："案例作品必须在 3 秒内说服国际评委。" 3 秒就能说服，意味着具备让评委和消费者秒懂的能力。这么多年，我们都是以"秒懂"来要求团队作业的。在我入行 20 多年里，无论是在奥美广告公司还是盛世长城广告公司，我的师傅们都在教导我：传达信息比美学更重要。在广告营销这条赛道上打的主要是信息战。精准传达信息、把新品或品牌做到认知满分是每个企业创始人和 CMO 的必答题。

感谢带我入门的老师们：前奥美创意总监黎音和老段，前实力传播集团 CEO 李志恒、陈薇薇、彭梅凤，以及各个企业的 CMO，我们在实战中历练了"利其器"。

词汇锥、符号锥、体验锥三锥合一，是为"认知锥"。身处营销行业二十余年，我反复检验和践行，最终凝练出这简单的线索进行贯穿，目的就是想帮助中国企业和新国货品牌化繁为简，解决从定位到消费的转化难题。

有了好定位，怎么做品牌？

做到什么程度，才算做好了定位？

基于定位，如何真正在消费者心中建立起品牌认知？

……

曾经关于品牌定位和认知，行业里有太多的理论和解读。认知锥方法论选择落到实处，真正聚焦兵力，无论是人性愿

结语：认知锥，你学得会

力还是感官重叠，都是人们已有的常识，品牌需要做的就是最大限度地迎合常识做认知。做品牌，看清"常识"和学会"顺势"很重要。

认知锥方法论的提出，立足于我多年的营销实践，也同时参考了中外优秀品牌案例，并尽可能遴选移动互联网时代的爆品进行解读，旨在为本书的用户们提供一整套理论翔实、案例丰富的方法体系。

之所以称呼"用户"而非"读者"，是因为我更愿意将这本书定义为一本实战手册。其中许多爆款战役皆由我本人操刀或参与，而我也借由这次机会对自己的职业生涯进行了回顾和复盘，力求还原每场战役背后的策略和思路。

在分别论述"三锥"的章节里，我提炼出了可操作性极强的路径，无论是广告语、Logo还是店铺资产打造，都附上了详细的操作指导。我不希望认知锥被归为高深艰涩的学说，因为这完全是一套实操性质的方法论。它诞生于实战之中，我也由衷地希望它能最大限度地被运用到实战中去。

一看就透、一听就买、一用就爱。认知锥，你学得会。

图书在版编目（CIP）数据

认知锥 / 黄伟著. -- 北京：北京联合出版公司，2021.4（2021.4重印）
　ISBN 978-7-5596-4751-1

Ⅰ.①认… Ⅱ.①黄… Ⅲ.①品牌营销 Ⅳ.①F713.3

中国版本图书馆CIP数据核字（2020）第243218号

Copyright © 2021 by Beijing United Publishing Co., Ltd.
All rights reserved.
本作品版权由北京联合出版有限责任公司所有

认知锥

作　　者：黄　伟
出 品 人：赵红仕
选题策划：布克加BOOK+
策划编辑：叶　赞　余燕龙　李俊佩　王留全
责任编辑：云　逸
封面设计：王喜华　王　勇　冯刚刚
内文排版：薛丹阳
内文插图：程　忆　陈雪涛　周　倩

北京联合出版公司出版
（北京市西城区德外大街83号楼9层　100088）
北京联合天畅文化传播公司发行
三河市宏达印刷有限公司印刷　新华书店经销
字数142千字　889毫米×1194毫米　1/32　8.25印张
2021年4月第1版　2021年4月第2次印刷
ISBN 978-7-5596-4751-1
定价：60.00元

版权所有，侵权必究
未经许可，不得以任何方式复制或抄袭本书部分或全部内容
本书若有质量问题，请与本公司图书销售中心联系调换。电话：（010）64258472-800